easy money 77

第一次

圖解 最新修訂版

買對房子

就上手

林姜文婷、林偉彬、易博士編輯部 合著

chapter 4 出發看房子，鎖定適合物件 82

如何使用這本書

本書專為「第一次購屋、換屋」的人製作，對於你可能面對的種種疑惑、不安和需求，提供循序漸進的解答。為了讓你能更輕鬆的閱讀和查詢，本書共分為九個篇章，每一個篇章，都是針對「第一次購屋、換屋」的人所可能遭遇的問題，提供完整說明。

篇名
「第一次購屋、換屋」的過程中，會遭遇的各種相關問題。可根據你的需求查閱相關篇章。

大標
當你面臨該篇章所提出的問題時，必須知道的重點以及解答。

內文
針對大標所提示的重點，做言簡意賅、深入淺出的說明。

圖解
以具有邏輯性的手法，將重要概念轉化成圖像，幫助你輕鬆理解無負擔。

5　議價與下訂

房屋議價流程

鎖定心儀的房子後，買方接下來就得努力替自己爭取一個好價格。這個過程並非是漫天喊價、亂槍打鳥，而是要考量整體條件、市場行情，評估合理價格後，買賣方各自考量所需之下進行出價與還價。買方如能掌握議價技巧，才有機會爭取到有利的價格。

根據不同狀況，理解議價流程

從出價到議價經常是一場心理戰，特別是面對資訊不透明的賣方，買方應從就物件論物件的角度出發，事先設定好自己一開始的開價與談判底線，到真正議價時才能從容應對。

完整估價 3 部曲

估價

重點 1
釐清房屋條件，透過實價登錄網站比較周遭行情
（參見 P.139）

重點 2
探得屋價底限，摸清議價空間　（參見 P.142 ～ 143）

重點 3
評估持有屋子的成本與收益　　（參見 P.143）

出價

重點 1
事先設定出價區間

重點 2
決定首次出價價位

重點 3
事先擬定後續喊價水位

顏色識別

為方便閱讀及查詢，每一篇章皆採同一顏色，各篇章有不同的識別色，可依顏色查詢。

Dr. easy

無所不知、體貼細心的易博士，為「第一次購屋、換屋」的你提供實用而關鍵的建議。

即便計畫申請「青年安心成家優惠方案」，只要條件符合，仍可同時再申請「住宅補貼方案」。

議價流程

價格定義

估價

出價

斡旋金

議價

書眉小色塊

依本篇章內容排列，讓讀者對本篇內容一目了然。色塊部分顯示該頁內容主題。

產權調查的流程

Step 1 整理目前既有的產權資料

確認重點 → 1. 賣方的姓，是否與謄本上的姓相同
2. 房屋本身是否具有完全的土地+建物的權利,有沒有其他共有人或限制登記

Step 2 申請產權資料

申請方式 → 1. 攜帶身分證件到當地的地政事務所或地政工作站
2. 以中華電信帳號或自然人憑證，在線上的「全國地政電子謄本系統」申請

Step 3 比對產權資料是否相同

比對重點 → 1. 比對謄本的所有權人的姓是否與賣方相同
2. 比對謄本的建號、地號、地址及建物圖是否與現場相同
3. 比對租賃契約是否與詢問該屋房客的結果相同
4. 確認是否無查封、信託或限制登記

step-by-step

具體的步驟拆解，幫助「第一次購屋、換屋」的你清楚學會如何實際操作。

Info 自住客必須留意的「買賣不破租賃原則」

為保障租屋者的權利，法律規定「買賣不破租賃」，若賣方已經和房客訂有租約，房客得享有該棟房屋的使用權。買方在購屋時，也必須承繼這項租約，而無法在租約到期前任意使用房屋。
惟「買賣不破租賃」並不是對所有租約都有所保護，以下情形即不適用「買賣不破租賃」規定，房東離出售租賃房屋，買受人有權終止原租賃契約：
1. 未經公證的不定期租約。
2. 五年以上未經公證的定期租約。

info

重要數據或資訊，輔助你學習買房子的相關知識。

chapter 1

買房子到底是對還是錯？

有人買房子讓生活變得更踏實，有人卻被房子壓得喘不過氣。房子到底有什麼魅力，讓這麼多人趨之若鶩？如何分析自己是否有能力購買、租屋划算還是買房划算，買房到底有怎樣的優點與該留心的風險呢？這些買房的基礎認識和迷思，你在行動前應該要有充分的了解才行。

本篇
教你

✓ 明白買房子的好處
✓ 評估自身適合買房或租屋
✓ 理解買房子的風險
✓ 估算買房子的各種花費
✓ 如何第一次買對房子就上手？

為什麼要買房子？

一間房子可以是溫暖的家、買賣獲利的好生意，或是換取安心的感覺，房子對於每個人的定位跟意義都不相同。在台灣大多數人仍無畏於貸款壓力或風險，就是要努力打拼一間屬於自己的房子，擁有房子的魅力由此可見一斑。

買房子的好處

對很多人來說，買房子可帶來「財務」與「心靈」的雙重保障。房地產不只具備保值或投資功能，也是不少人歸屬感的來源。在打算展開購屋行動前，最好能仔細想想，對於自己來說買房子最重要的好處是什麼，藉此定位出到底該買怎樣的房子。

 好處1 買房子可以保值

相對於金錢會隨未來物價上漲而降低購買力，房地產的保值性較高，即使十年或二十年後，也能與當時物價水準維持一定的相對價格。將資金投入房地產，等於是透過房地產保值金錢未來的購買力。

好處2 買房是一種投資工具

買房可自住外，也具備出租或是轉手賣出獲利的投資功能，相對於股票、期貨、選擇權等需要緊盯盤勢的投資工具來說，房地產的漲跌周期較長，適合有穩定收入但無法配合短線操作的投資人。

好處 3 買房子可以節稅

　　與一般貸款不同，房屋貸款的利息可用來折抵每年繳交的綜合所得稅。且若想透過贈與移轉財產時，贈與房產的贈與稅也會比直接贈與現金來得輕。

好處 4 買房子避免搬遷不便，滿足住的需求

　　有屋可住是人們的基本需求，相較於租屋較容易遭遇房東易主、調漲租金、停止續約等被迫搬遷的困擾，住在自家買的房子較能安心定居，不用擔心是否得常常搬家的不便，滿足人的歸屬感。

好處 5 買房子可以強迫儲蓄

　　很多人的消費習慣缺乏規畫，工作幾年過去，存款仍少得可憐。但買房子後，卻會因每月都必須繳付房貸而強迫管理開支，買房形同強迫學會儲蓄資產、理財規畫，等房貸付完後，自己也擁有一份完整資產。

買屋、租屋比一比

「現在租屋住得好好的，有必要買房嗎？」「前年搬、去年搬、今年又要搬，我該買個房子定下來嗎？」你可從自身需求與金錢花費分別考量，找出最適合自己的居住選擇。

自身需求比一比——買屋方便還是租屋方便？

人們會因為對「生活條件」、「個人心態」的不同，決定該買房還是該租屋。如果生活、工作等條件都較穩定，且注重伴隨買房而來的安全感，就很適合買屋。但萬一工作或生活都還不穩定，或是不介意租屋帶來的種種不便，就可考慮選擇租屋。

評估項目	買屋	租屋
工作配合度	低 （適合工作已穩定者）	高 （適合工作較不穩定者）
通勤便利性	較低 （買得起的房屋可能需較長時間通勤）	高 （可隨工作異動搬遷）
子女就學	穩定	不穩定
戶口設籍	方便	房東不得拒絕房客遷入戶籍
安定感	高	低
使用自由度	高	低

花費比一比──買屋划算還是租屋划算？

租屋要付房租給房東，買房要繳還房屋貸款給銀行。租金付出去後就拿不回來，房貸清償後則會獲得房子的完整權利。由於國民所得偏低時，租金也會相對降低，對個人收入較低的人來說，較能避免受到房價高漲的影響。同樣的，如果個人所得較高，則可考慮購屋居住，以免薪水追不上房價。

評估項目	買屋	租屋
入住成本	高 （自備款約需總價的 2 成～4 成）	低 （只需支付 1～2 個月的押金）
居住成本	需支付貸款	需支付租金
維修成本	高	低 （由房東擔負房屋維修成本）
資金靈活度	低	高
抵稅稅額	每戶上限 30 萬 （只限房貸利息可抵稅）	每人上限 12 萬元
資產權利	有 （貸款期間通常抵押給銀行，銀行有優先處分權）	無
投資風險	高	×
保值性	高	×

買房子有什麼風險？

買房子是人生的重大決策，既滿足住的需求也相對保值。但由於整體金額較高，買房前必須先考量各種可能風險，以便預防如不慎買到壞房子、或遇到天災人禍而使房子價值大打折扣等，讓風險損害降至最低。

根據不同面向評估買屋風險

1. 房屋面：天災、人禍跟時間都可能降低房屋價值

土地是房產保值的主要原因，房屋本身則會隨著時間逐步折舊，減損其價值。此外，萬一遇到颱風、地震等天災，或是建商施工不良、失火等人禍使得房屋本身受損，也都會貶低房屋轉手時的價格。

常見建材的房屋折舊率

建材	每年折舊率 (%)	經濟耐用年數	殘值價格率 (%)
鋼骨鋼筋混凝土 (SRC)	2%	50 年	8~10
純鋼骨構造（SC）	2%	50 年	8~10
鋼筋混凝土構造（RC）	2%	50 年	4~5
加強磚造	3%	35 年	0
磚構造	4%	25 年	0

註：本標準表，適用於主要用途為作辦公室、住宅使用之標的。
資料來源：不動產估價技術公報 - 第四號公報 (110.11.01)

- 建物現值
  ＝建物單價 ×【1 －（年折舊率 × 經歷年數）】× 建物面積

避險訣竅

1. 維持良好的居住習慣
2. 定期檢修房屋各項設施
3. 發揮管委會力量，維護社區環境

2. 資金面：降低往後資金流動性

　　買房子後，每月都必須繳還一定額度的房貸，這些貸款會在未來的二十年左右綁定買屋者的部分支出，減少每月能夠自由花用的金錢。同時，若需出脫房地產來換取現金，也會因為房地產需要的交易時間較久，取得資金的速度不像直接提領現金或出脫股票等快速。

資金流動性

高
活期存款
定期存款／股票
基金／保險
房地產／藝術品
低

避險訣竅
1. 購屋花費需量力而為
2. 準備一筆緊急備用金
3. 平日做好良好理財規畫

3. 投資理財面：財務槓桿高，損賠金額大

　　購屋者僅需花一定成數的自備款就可向銀行借貸，買到具有三～五倍價格的房產，財務槓桿相當高。不僅需償還的金額大，萬一市場價格下跌或貸款利率上漲，購屋者的整體損失金額也較高。

避險訣竅
1. 決定貸款金額時需保留未來利率上漲的彈性
2. 若擔心利率上漲，貸款條件可設定為一段式利率
3. 可選擇購買地段較好的房子，提高房產保值性

買房子要準備多少錢？

買房子動輒需要數百萬元以上，除了基本的房屋價款以外，還有其他相關支出。買房前，應了解買房子的整體支出，才能正確衡量預算，物色適合的房子。

房屋價款與各種隱藏支出

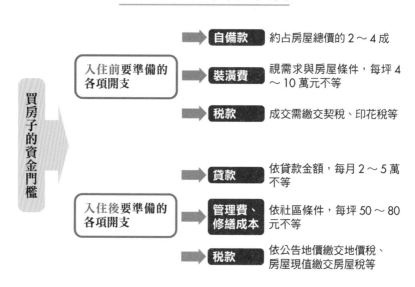

買房子的資金門檻

入住前要準備的各項開支
- 自備款：約占房屋總價的 2 ～ 4 成
- 裝潢費：視需求與房屋條件，每坪 4 ～ 10 萬元不等
- 稅款：成交需繳交契稅、印花稅等

入住後要準備的各項開支
- 貸款：依貸款金額，每月 2 ～ 5 萬不等
- 管理費、修繕成本：依社區條件，每坪 50 ～ 80 元不等
- 稅款：依公告地價繳交地價稅、房屋現值繳交房屋稅等

入住前要準備的各種開支

1 自備款

　　自備款是指整筆房屋價款中，由購屋者自行籌措，不向銀行借貸的部分，是購屋者必須先存夠的第一桶金。不同房屋類型需要準備的自備款占總房屋價款的成數也不同。

不同類型房屋需準備的自備款成數
- 預售屋：總價的 2 ～ 3 成，依工程的進行程度或按約定時間分次付清。
- 中古屋：總價的 3 成以上，需一次付清。較難轉賣的套房或政府限貸的豪宅建案，銀行可能會要求購屋者須準備 4 ～ 6 成以上的自備款。

② 裝修費

　　無論是預售屋還是中古屋，在正式入住前通常還都需要花錢整理裝修一番，費用多寡則跟個人需求、房屋新舊、有無聘請設計師相關。購屋者設定購屋預算時，必須記得要將此筆費用加入計算。

裝修總價＝室內實際坪數 × 每坪裝潢單價

不同類型房屋需準備的裝修費
- 屋齡 5 年以內的新成屋：無管線問題、不改格局，費用約 4 ～ 6 萬元左元左右；更動格局則預算將提高 1 ～ 2 萬。若是簡單裝潢，如基本的天花板平鋪或簡單的間接光，並購買現成家具等，價格可壓在每坪 2 ～ 3 萬元。
- 中古屋：中古屋問題較多，裝修費自然比新屋高。基本上是屋齡愈高，裝修預算也愈高，費用包含管線更換、廚房衛浴更換、解決壁癌漏水等。屋況愈差，需要施作的項目就愈多，視房屋實際狀況而定，所以中古屋的價格每坪約 8 ～ 12 萬元不等。

小提醒 記得留下裝修前後的照片並開立發票或收據，可做為日後出售時房地合一稅的費用證明。

③ 稅款（參見 P.180）

　　購屋簽約時，買方需負擔契稅、印花稅等，一般多在數萬元左右。整體金額跟房價相比雖然不高，但購屋者仍須事前知道，有所準備。

入住後的定期負擔

　　購屋者必須明白，買房後除了需定期繳納貸款外，還有管理費、各式稅款等持有成本。在認識買房該準備多少錢時，應將這些費用一併納入考量，學會快速估算入住後的成本負擔。

　　每月需繳納的貸款包括本金和利息兩部分，由於房貸時間可能長達數十年，利率成為影響未來房貸負擔減輕或加重的關鍵。即使是目前一般現行利率，也可能會隨貸款者的財務條件和信用不同而微幅調高或調低。

一分鐘快速粗估每月房貸負擔

以最常見的本息攤還法，還款期間 20 年，年利率 2% 計算，每 100 萬元的每月房貸負擔 ≒ 5200 元

　　　　　每月房貸負擔 ≒（貸款總額 ÷100 萬）×5,200 元

實例　總貸款 650 萬時，粗估每月房貸負擔為多少錢？
　　　　每月房貸負擔 ≒（650 萬 ÷100 萬）×5,200 元
　　　　　　　　　　≒ 6.5×5,200 元
　　　　　　　　　　≒ 33,800 元　　　　　　　　（詳細房貸介紹參見 P.197）

也可從各大銀行、房仲網站的「房貸試算」估計不同房貸條件的負擔金額，與從貸款總價推估每月負擔的雙向計算功能。

2 管理費、修繕成本

為了要維持良好的居住環境，現代的社區多會設立管理委員會，由全體住戶繳納費用，支付公用電力、維持公共設施、聘請保全人員等費用，通常公設比愈高，管理費就愈高。此外，由於房屋會自然折舊，屋主也需維護屋內環境、家具、管線等能正常運作。

不同類型房屋的管理費比較
- 無電梯公寓：無管委會及固定管理費。公共支出通常由各樓層住戶分攤，或輪流繳交，常見的支出項目有公用電費，或集資洗水塔等。
- 電梯華廈：由於公設比不高、住戶人數較少，有無管委會都有可能，費用支出較單純，如基本的電梯維護、公共電費、聘僱管理員等。
- 電梯大樓：通常住戶眾多，有各種公用設施，甚至需維護中庭景觀，因此管理費較高，視情況每坪 50 元～ 80 元不等。管委會的運作是否得當會是此類型房屋環境是良好的關鍵。

3 稅款

購屋入住後，每年都還需要依政府公告的房屋評定現值、公告地價計算繳交「房屋稅」、「地價稅」給房屋所在地的地方政府。雖然公告地價與實際上土地買賣價格相去甚遠，但近年來有逐漸提高的趨勢。

持有房屋後須繳交的稅款種類
- 房屋稅：地方政府會依各個房屋的屋齡、構造等條件，計算出一個房屋現值做為課稅依據。在每年的 5/1 ～ 5/31 申報繳納，針對持有房屋者課徵房屋稅，一般自住用的稅率大約在房屋課稅現值的 1.2% 左右，做為商業用途時，稅率則是 3%。
- 地價稅：針對持有土地者在每年的 11/1 ～ 11/30 課徵，是以地方規定的公告地價為基礎，並視用地類型來決定稅率，一般自用住宅用地稅率為千分之二。（參見 P.236）

買房的財務負擔會很重？

購屋貸款可協助購屋者累積資產，成為房子的主人，也可能拖垮貸款者的財務自由，變成「屋奴」。因此，決定買房前，購屋者要懂得根據目前的財務情形、未來的人生與收支狀況，來訂定好的購屋財務計畫。

購屋財務計畫的基本原則

購屋財務計畫首重要能符合個人條件，包括衡量當下與未來可能的財務狀況，再配合計畫的儲蓄與花費，有效控管購屋帶來的財務負擔。

1. 根據未來財務狀況，選擇適合的還款型態

貸款條件包括還款方式與還款期限，兩者都需配合購屋者生涯中的財務曲線來決定。比較穩健的還款原則為盡量在人生的收入高峰期結束前還完貸款，避免到退休後收入銳減時，都還要為房貸煩惱。

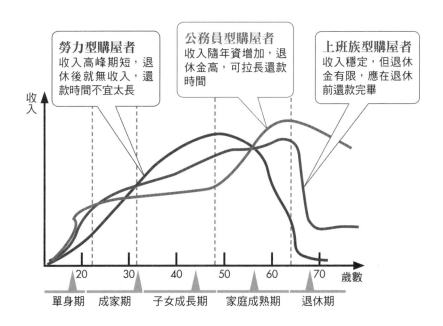

勞力型購屋者
收入高峰期短，退休後就無收入，還款時間不宜太長

公務員型購屋者
收入隨年資增加，退休金高，可拉長還款時間

上班族型購屋者
收入穩定，但退休金有限，應在退休前還款完畢

收入

20　30　40　50　60　70　歲數

單身期　成家期　子女成長期　家庭成熟期　退休期

2. 根據目前收支決定每月房貸上限

　　如果房貸占每個月收入比例太重，萬一臨時出現緊急大筆開支，就容易周轉不靈。購屋者應在事前就設定好每月房貸金額上限，同時做為計算房價承擔能力時的依據。

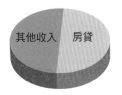

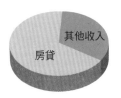

	保守型	均衡型	冒險型
	房貸＜實際所得 1/3	房貸≒實際所得 1/3	房貸＞實際所得 1/3
優點	即使失業，也不需苦惱資金運轉不來。	房貸與家庭開支較能取得平衡。	能以較低的自備款，買到較高價的房屋。
缺點	貸款金額通常較低，使得房屋選擇較少。	仍需注意財務規畫，準備家庭急用金。	萬一收入變低，會嚴重影響全家開支。
適用對象	總收入較低者、風險承擔意願較低者。	收入普通，但來源穩定的普羅大眾。	總收入較高者、風險承擔意願較高者。

3. 將必要支出分類設立帳戶，有計畫地花用

　　若能在平時設定好各類花費額度，清楚記錄每筆款項的用途，就能省下不必要的開支，維持所需的生活品質。

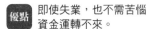
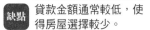

緊急帳戶
能支撐六個月以上整體家用，非萬一不可動用

家用帳戶
家庭日常開支、孝親費、保險費等

長期儲蓄帳戶
房屋貸款、退休金等

娛樂帳戶
定期存一點小錢，集結起來獎賞自己

房子真的能增值嗎？

雖然房地產有土地只會愈蓋愈少等特性，因此具備保值功能。但房地產也因無法搬遷的特點，使得不同地區的房子漲跌情形天差地遠。當此地區發展潛力十足，房價也跟著水漲船高。相對地，假使此處發展遲緩，房屋需求減少，房價一樣會下跌，無法達到增值或保值功能。

哪些因素會影響房價？

影響房價的因素不少，包含總體的社會、經濟狀況，房屋所在地區的地理、人文環境，乃至於該棟屋子本身屋況、坐向或社區管理等細項，都會影響到房屋價值的漲跌。

影響因素	得知管道
總體經濟	1. 行政院國家發展委員會會定期公布經濟景氣指數 2. 股價指數的漲跌與總體經濟息息相關 3. 內政部公布的物價指數反應產業興衰
人為炒作	1. 報導財經消息的雜誌或媒體，但有可能是財團放出的假消息 2. 財團機構的內線消息
貸款利率	通常會以六大行庫：臺銀、合庫、土銀、一銀、華銀、彰銀的利率為市場的參考指標。
貨幣供給額	中央銀行或內政部統計處會定期公布。
空屋率	1. 內政部統計處 2. 新聞媒體 3. 觀察新成屋完成後住戶搬入情形
銷售率	1. 報導房地產資訊的刊物 2. 向建商索取報表
房屋和居住品質	多去剛完工的新成屋社區看房子，評估居住品質。
公共建設	1. 政府所發布的公共建設新聞 2. 自行留意附近空地的開發訊息

Info 購屋應考量自身需求

能增值的房子人人都愛，但能增值不見得適合居住。對於打算長期持有的自住客來說，房價的短期漲跌並不會對生活造成什麼影響，反倒是每日通勤方不方便、整體環境是否適宜人居，才是自住客應優先考量的重點。

情況 vs. 增值潛力		說明
⬆ 景氣 ⬆ 大增	⬇ 不景氣 ⬇ 下跌	國家的總體經濟情況影響到各種產業是否景氣，整體經濟景氣好，各行各業興盛，房地產必然上漲。反之，房地產就會呈現衰落下跌。
⬆ 增加 ⬆ 大增	⬇ 減少 ⬇ 下跌	投資客或財團的炒作，往往是拉抬房地產大幅上漲的動力，但過度炒作也會加劇泡沫化的危機。
⬆ 增加 ⬇ 下跌	⬇ 減少 ⬆ 大增	貸款利率影響購屋者的房貸利息多寡，利率下跌會降低購屋成本，刺激購屋慾望；反之，利率上漲、房貸利息壓力大增，購屋心態也隨之轉趨保守。
⬆ 增加 ⬆ 大增	⬇ 減少 ⬇ 下跌	貨幣供給額代表民間資金流動增大，流向投資獲利高的房地產市場的資金也會增多。
⬆ 增加 ⬇ 下跌	⬇ 減少 ⬆ 大增	空屋率升高表示房市供過於求，房價也就難有上漲的條件。
⬆ 增加 ⬆ 大增	⬇ 減少 ⬇ 下跌	銷售率通常指預售屋的銷售率，直接反映房屋市場的熱絡程度。
⬆ 良好 ⬆ 大增	⬇ 不佳 ⬇ 下跌	房屋和居住的品質影響到自住型購屋者或換屋者的購屋慾望，好的房屋居住品質才能吸引人購屋。
⬆ 提升 ⬆ 大增	⬇ 下降 ⬇ 下跌	房屋周邊的交通、學校、市場等生活機能的建設提升，將加強房屋的增值潛力。

買房子的陷阱很多嗎？

很多打算購屋的人常會擔心自己缺乏相關經驗與知識，或遇到賣方的刻意隱瞞而上當吃虧，因此總保持觀望態度，遲遲不敢出手買房。但其實買方只能學會事前做好功課，理性看待交易，不要因貪小便宜而衝動購屋，就能順利避開各種交易陷阱。

理性購屋，避免上當

避免上當的第一步是先找出哪些是容易忽略的購屋細節，整理出該如何防範的應對措施，假使真的遇到問題，也能在第一時間即時反應。

交易陷阱 1 賣方不誠實告知屋況

有些屋況瑕疵例如海砂屋或輻射屋等，購屋者可能暫時看不出來，賣方也刻意隱瞞，等到交屋後才發現受騙上當。買方可選擇分不同時間多看幾次房子、詳閱不動產說明書來避免受騙。

常見的瑕疵屋況	避免上當訣竅
屋子漏水或有壁癌	留心牆壁有無水漬，要求賣方需負保固責任
附近有噪音或空氣污染	可分成白天或晚上，多挑幾個時間看屋
海砂屋、輻射屋	查詢政府網站「海砂屋」或「輻射屋」公告（參見 P.93）
凶宅	可上「凶宅網」查詢，或多向附近鄰居探問。
有違建未告知	打聽附近鄰居對屋主的評價，是否有可能被報拆，仔細檢視買賣契約有無規避漏洞

交易陷阱 2 未能查覺契約漏洞或履約不實

買賣房屋時，常會發生購屋者未能留意到某些條款對買方嚴重不利，或賣方未能按契約如實做到，從而引發交易糾紛。

常見的契約漏洞   **避免上當訣竅**

常見的契約漏洞		避免上當訣竅
與建商簽約時要注意契約審閱期	➡	簽訂定型化契約，要確認審閱期限，並詳閱
交屋狀況與契約不符	➡	事前詳閱契約，交屋時需逐項核實，若有不符，立即要求改善
買賣契約中部分文字含混，定義不清	➡	仔細審視契約文字，並以買方信任的代書辦理買賣手續

交易陷阱 3 貪小便宜反而吃虧上當

有些不肖業者或詐騙集團會利用人們貪小便宜的心理，騙取買方下訂金。面對撿便宜的機會，買方若能冷靜查證，就能避免吃虧上當。

常見的小便宜陷阱   **避免上當訣竅**

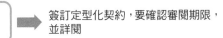

常見的小便宜陷阱		避免上當訣竅
賣方喊出送裝潢，但材質低劣	➡	契約中約定清楚裝潢種類、材質
聽信可低價買進，但卻是詐騙	➡	確認賣方身分是否與所有權人相符
虛報行情，勸誘買方認為此屋是買到賺到	➡	保持平常心議價，不忘查詢周遭成交價

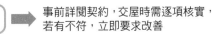
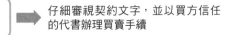

如何第一次買對房子就上手？

第一次買房子的人難免有滿腹疑惑，估不準自己的經濟能力到哪裡，可以買多少錢的屋子？至於該去哪裡找房子、看房子，乃至後續的議價、成交，新手也都懵懵懂懂。但只要事先有充分準備，學會釐清自身條件與需求，冷靜理性地看屋、選屋、議價，第一次買房子的人也會比「人云亦云」、「衝動喊價」的購屋者更有機會買到好房子。

一步步學會聰明購屋

Step 1 釐清個人需求與能力（參見第二篇）

買房子是「需求」與「預算」的平衡。同樣是預算有限，有些人不介意房子空間稍小，也要交通方便。有些家庭的人數較多，就寧可選擇地點較遠、但坪數較大的房子。購屋者要先找出自己的重點需求，配合完整評估自身的財務能力，就可有效率、有目標地找到適合的房子。

Step 2 搞懂房屋類型，尋找適合的房子（參見第三篇）

買房子前，要先搞懂房子分成哪幾類、該去哪裡找房子。學會正確認識不同類型房子的特色與銷售管道，就能知道該如何找到好房子。

Step 3 看懂房子的好與壞（參見第四篇）

想要買到稱心如意的好房子，購屋者就不能偷懶，必須勤做功課，勤看房子。學會從屋內狀況看到屋外結購，從整體大環境看到社區管理，累積看房經驗，才不會誤把「壞屋」當「好房」。

Step 4 學會估價、出價跟議價（參見第五篇）

找到心儀的房子後，下一步就是買方進場議價了。完整的議價流程共可分成「估價」、「出價」、「議價」三步驟。這三者買方都得勤做功課，為自己爭取好的入手價格。

Step 5 簽訂買賣契約（參見第六篇）

簽訂買賣契約的步驟相當繁瑣，買方必須特別留心各項細節是否有所遺漏，避免稍不謹慎引來不必要的麻煩與損失。

Step 6 弄懂房貸，爭取優惠利率（參見第七篇）

房地產市場上充滿各種房貸商品，從還款時間、還款方式以及不同的優惠利率，能滿足各種不同條件、不同需求的購屋者。要懂得衡量自身的優勢條件，才能找出最有利的房貸種類。

Step 7 點交房屋（參見第八篇）

辦妥房屋買賣所有的相關手續後，最後一步就是「交屋確認」，買方必須盡量仔細確認房屋的所有狀況是否都與當初簽約時相符，確保一切都如預期後，這椿房屋買賣交易就告順利完成了。

chapter 2

我該買怎樣的房子？

市面上房屋百百種，座落的地區、地段、環境又都各不相同。而心目中的完美房屋，卻不見得是最適合的房子。本篇要教你學會如何分析自身與家庭條件，評估各種選擇的優先順位，找出理想又適合的購屋目標。

本篇
教你

✓ 掌握購屋的關鍵重點
✓ 衡量自身購屋預算
✓ 分析自身購屋需求
✓ 設定房屋條件
✓ 填寫購屋需求測驗

四大選屋重點找出理想宅

挑選房屋時，最主要是先就「價格」、「地段」、「生活機能」、「房屋本身狀況」四項重點加以評估。由於每個人的財務能力和生活機能需求不同，各人對選屋重點的優先順序也有差別。

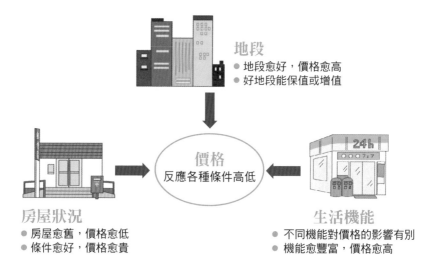

地段
- 地段愈好，價格愈高
- 好地段能保值或增值

價格
反應各種條件高低

房屋狀況
- 房屋愈舊，價格愈低
- 條件愈好，價格愈貴

生活機能
- 不同機能對價格的影響有別
- 機能愈豐富，價格愈高

4大選屋重點

Point 1 房屋價格有無限制

對於一般人而言，房屋價格幾乎是決定該買什麼房子、能買什麼房子的關鍵。同樣價格在不同地區能買到的房屋品質、大小都會有所不同。價格帶愈寬，選擇愈多；反之價格帶愈窄，選擇也愈少。

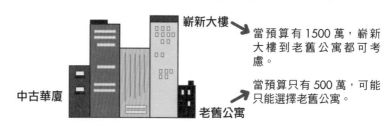

嶄新大樓

當預算有 1500 萬，嶄新大樓到老舊公寓都可考慮。

當預算只有 500 萬，可能只能選擇老舊公寓。

中古華廈

老舊公寓

Point 2 選出適合自己的地段

　　投資房地產的黃金法則就是「地段！地段！地段！」。地段對房子未來能否保值、抗跌的影響非常大。對以投資為目的的購屋者，地段當然是首要考量。但對自住者來說，在預算內能齊備各項所需生活機能的地段才是真正適合自己的好地段。

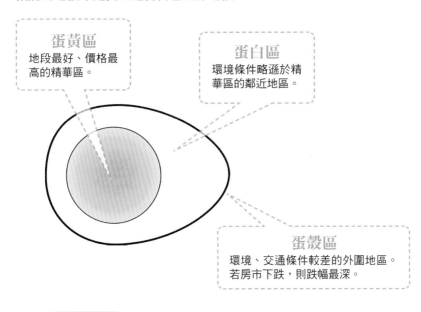

蛋黃區
地段最好、價格最高的精華區。

蛋白區
環境條件略遜於精華區的鄰近地區。

蛋殼區
環境、交通條件較差的外圍地區。若房市下跌，則跌幅最深。

> **投資取向** 蛋黃區爛房子＞蛋白、蛋殼區好房子

> **自住取向** 蛋白、蛋殼區好房子＞蛋黃區爛房子

Point 3 哪些機能是你的生活必需品

　　周遭生活圈的機能是否良好，決定往後購屋者的生活是否方便。當價格有限，你大概不能期望買在具備所有生活機能的地點，決定在此地找房子前，購屋者可多到當地走走，確實了解該地的生活機能。

選屋重點　設定價格　設定房屋條件　生活機能　適合地段　家庭組成　初步調查行情　購屋評估表

31

步行距離 15 分鐘內＝購屋者的生活圈

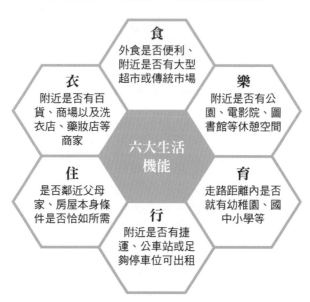

　　該買大還是該買小？有電梯還是無電梯？是要自住還是開店？購屋者在鎖定購屋目標時，必須先想清楚各種房屋條件對自己的優先順序，列出非具備哪些條件不可，哪些條件又可以視預算高低予以忽略或妥協。

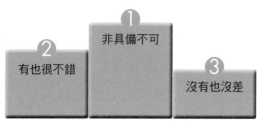

我買得起哪種價格的房子？

以投資角度來看，房價只有相對地貴或便宜，沒有絕對高或低，但對於收入增長有限的購屋者來說，購屋預算通常只有可負擔與無法負擔。因此，決定理想房型前，買方必須先概算出可負擔的價格帶到底在哪裡。

評估購屋財力的 **3** 種方式

購屋財力＝自備款＋房屋貸款

自備款＝購屋基金－生活急難金－裝修款　　房貸期限通常為 20 年或 30 年

1. 根據每月固定收入設定房貸負擔

每月的固定收入是衡量房貸負擔的重要指標，通常可占家庭月收入的三成左右，或視月收入高低調整所占比例。萬一每月還款能力有限，但又想購買總價較高的房屋，則寧可拉長還款年限，也不要過度加重每月財務負擔。

實例 Q 小謝夫婦雙方薪水每月總計 12 萬元左右，預估還會工作 25 年。每月可撥 3 成收入支付房貸，即 3.6 萬元（12 萬 ×0.3）。以一般現行利率 2% 到房貸試算網站估算，得出可接受的貸款總金額為：

當還款期限 20 年→可貸金額≒ 712 萬

當還款期限 30 年→可貸金額≒ 974 萬

> 房貸可落在 712 萬到 974 萬間，但不應超過此金額。並以 20 年貸款金額為優先選項。

 Warning 設定貸款年限與負擔比例時，應將這期間失業、利率調高等不利因素一併納入考量。

＊銀行跟房仲網站大多都有試算功能，如第一銀行可由貸款總價與每月負擔來雙向試算。

選屋重點

設定價格

設定房屋條件

生活機能

適合地段

家庭組成

初步調查行情

購屋評估表

2. 根據自備款限制房屋總價上限

買賣房屋時，買方必須自行準備好總價的三成左右，直接支付給賣方。因此，從買方手頭的自備款金額就能反推出買方所能購買的房屋總價上限。以此法推估時，若尚未確定能否順利獲得父母親或長輩金援的部分，則應從自備款中扣除，以免估出一個遠超過自己能力的購屋價格。

> 購屋總價上限
> ＝自備款 ÷0.3
> ＝自備款 + 房貸負擔上限

┌─────────────┐
│ 取兩個金額較小 │
│ 者為總價上限 │
└─────────────┘

實例 小謝夫婦的購屋基金裡有雙方父母的支援各 100 萬，和兩人積蓄的 200 萬，總共約 400 萬可做為自備款，則他們的購屋價上限應為：

> 購屋總價上限
> ＝ 400 萬 ÷0.3 ≒ 1,333 萬
> ＝ 400 萬 +712 萬＝ 1,112 萬

┌─────────────┐
│ 取兩個金額較小 │
│ 者 1,112 萬為總 │
│ 價上限 │
└─────────────┘

> 計算自備款額度時，要先從購屋基金中扣除稅捐雜支、裝修款項等。

3. 根據家庭年收入評估購屋財力

除了從月薪評估購屋財力外，也可從房屋總價除以家庭年收入得出「房價所得比」，來估計自己不同房價下的購屋負擔輕重。比值愈高則負擔愈重，支付房價的能力愈低，比值愈低則購屋者愈有辦法負擔。

房屋總價 ÷ 家庭年收入
（個人房價所得比）

> 6 ➜ 負擔較重，容易因此影響人生規畫
≒ 3～6 ➜ 負擔合理
< 3 ➜ 負擔很輕，但可能房屋選擇較有限

2021 年第四季台灣主要城市
貸款負擔率與所得比

　　由於房地產無法搬遷，各地房地產市場狀況因而不一。一般來說，亞洲因為地狹人稠，房價會比年收入的3～6倍更高。但萬一房價所得比過高，就代表當地房市可能泡沫化的風險也較高。購屋者可比較台灣各主要城市的「房價所得比」，綜合自身能力，衡量適合的購屋總價。

● 貸款負擔率
　＝房價貸款每月攤還額中位數÷家戶每月可支配所得中位數
● 城市房價所得比
　＝該市房屋總價中位數÷該市家庭年收入中位數

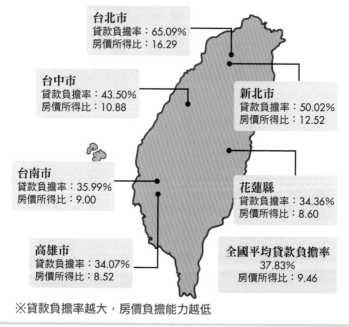

台北市
貸款負擔：65.09%
房價所得比：16.29

台中市
貸款負擔率：43.50%
房價所得比：10.88

新北市
貸款負擔率：50.02%
房價所得比：12.52

台南市
貸款負擔率：35.99%
房價所得比：9.00

花蓮縣
貸款負擔率：34.36%
房價所得比：8.60

高雄市
貸款負擔率：34.07%
房價所得比：8.52

全國平均貸款負擔率
37.83%
房價所得比：9.46

※貸款負擔率越大，房價負擔能力越低

（資料來源：內政部）

如何決定適合我的理想屋？

買房子時有些人是「先求有，再求好」；有些人則希望「一次到位」，直接滿足大部分的需求。購屋者應該先釐清自己屬於哪種類型，確實地從多方面加以評估。

從換屋意願分析購屋類型

　　一般人一生的換屋次數約二～四次，但也有人只打算一生一屋。考量目前或未來的家庭型態，與有無換屋需求，都會影響適合的房屋條件與類型。

一次到位型 ── 不打算換屋

當家庭結構穩定，預算充足，並希望長期定居者，可考慮直接鎖定適合地點購屋。長期持有的購屋者，較不會受短期房價影響，可耐心挑選適合的房子，若房子條件很好，即便價格稍高也仍可考慮。

> **適用對象**
>
> 家庭成員人數穩定、工作地點與生活圈也已固定下來者。

以小換大型 —— 一定會換屋或另購新屋

假設居住人數尚不穩定,且預算有限,購屋者又不願繳租金替房東養房時,可考慮「先求有,再求好」。購買增值潛力稍高的小屋自住,等到家庭成員增加,房屋真的不夠住再以房換房,改買較大的房子。

> **適用對象**
>
> 單身但有計畫結婚者、已婚但計畫生兒育女或孩子還非常小,不需獨立房間者。

以遠換近型 —— 希望換屋,但非必須

當居住人數較多,無法遷就小屋,但預算有限,可考慮選往通勤時間較長的市郊居住。通常此處的每坪平均單價較低,同樣金額能買到較大的房子,未來再視經濟情況決定是否需往市中心搬遷。

> **適用對象**
>
> 目前空間夠住,但因居住地點離上班地點較遠,或已有目標地區仍希望能換屋者。

投資獲利型 —— 以脫手換屋為主要目的

買房子不見得全是為了自住,也可能是基於投資效益,買進後希望能快速脫手,賺取一買一賣間的差額。便宜、好脫手是此類購屋者的優先考量,可選擇地段好、屋況較差但價格稍低的屋子。

> **適用對象**
>
> 非以自住或出租為目的的投資客,或重視往後獲利甚於當下方便舒適的購屋者。

評估方式 1 根據生活機能做選擇

對於打算自住的購屋者來說，必須首先考量購屋地點是否具備符合自身需求的生活機能。購屋者可依全家人需求的急迫度來決定生活機能的優先順序，並根據購屋者的交通方式與交通路線來決定適合的購屋地區。

分析家庭成員的生活機能需求

有些生活機能一旦少了就很麻煩，有些生活機能則是次要條件。應從全家人的生活習慣思考，找出大家的生活機能需求。

> 評估必要等級，找出最重要、不可或缺的機能條件。這裡以夫妻跟幼兒組成的小家庭為例。

成員	需求項目	必需性
上班族	交通方便，工作通勤單程在 40 分鐘內。附近有捷運、公車站，或停車方便。	★★★★★
	外食方便，有超商、早餐店與小吃。	★★★★☆
	附近有公園、運動中心，方便運動。	★☆☆☆☆
居家族	走路可達量販店、超市或傳統市場。方便採買生鮮蔬果與生活用品。	★★★★★
	走路距離內有洗衣店、藥妝店及五金行等商家，可解決各種生活疑難雜症。	★★★☆☆
	附近有銀行、郵局、超商等設施。	★★★☆☆

成員	需求項目	必需性
學生	● 走路距離內就有高中、國中、國小及圖書館,方便孩子上課、學習、查資料。	★★★☆☆
	● 周遭地區治安良好。	★★★★☆
	● 附近有品質優良的補習班或安親班。	★★★☆☆
老人	● 2公里內有大型醫院,方便長輩平時與突發性就醫	★★★★☆
	● 電梯大樓或一樓,減少長輩上下不便	★★★★☆
	● 可供老人運動、交流、休憩的公園、長青學苑或社區中心	★★★☆☆
幼兒	● 如果託雙親、長輩等照顧幼兒,距離主要照護者家較近	★★★★★
	● 附近有好的托嬰中心或幼兒園。	★★★☆☆
	● 附近是否有好的兒科或綜合醫院。	★★★☆☆
喜好運動休閒	● 附近有大型公園或戶外休閒景點。	★★★☆☆
	● 社區內具備健身房或游泳池等公設	★★★☆☆
喜好藝文休閒	● 附近有圖書館、藝文中心、劇院或音樂廳等藝文設施。	★★☆☆☆
	● 該地區重視藝文活動或社區公設有圖書室等藝文空間。	★★☆☆☆
	● 附近有咖啡館、書店或藝文市集。	★☆☆☆☆

選屋重點

設定價格

設定房屋條件

生活機能

適合地段

家庭組成

初步調查行情

購屋評估表

39

從生活圈決定購屋地點

　　尋找適合的購屋地點應該以自己日常生活最主要的生活圈為核心，逐步向外推衍，再依生活機能與預算考量找出適合的購屋地點。

Step 1 從通勤路線找出適合地區

選擇居住地點時，首先該規畫交通路線，計算通勤時間是否能負擔。單程通勤時間在40分鐘以內是一般人比較能接受的。當購屋預算有限，也可考慮通勤時間長，但房價較低的地區。不過，如果單程通勤就需花費超過一個小時，長期下來對生活品質也是不小的負擔，應該要審慎考慮。

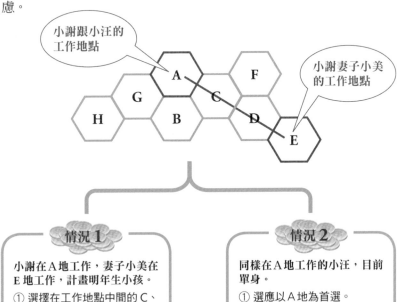

小謝跟小汪的工作地點

小謝妻子小美的工作地點

情況 1

小謝在 A 地工作，妻子小美在 E 地工作，計畫明年生小孩。
① 選擇在工作地點中間的 C、D 地購屋。
② 在工作的 A 或 E 地購屋。
③ 若以上地點都找不到合意房屋，稍遠的 B、F 地也都能納入考量。

情況 2

同樣在 A 地工作的小汪，目前單身。
① 選應以 A 地為首選。
② 鄰近的 B、C、G 地也都很適合。
③ 如果需擴大尋屋範圍，較外圍的 H 地也不妨找找有無適合的物件。

step 2 篩選具備必須生活機能的適合地點

按照平日通勤路線找出適合購屋的地區後,可再檢視這些地區是否具備所需的生活機能,進一步篩選排序出適合的購屋地點。等到真正要看屋時,才會知道要從何找起,以及自己究竟有哪些選擇。

實例 Q 顧及通勤時間,小謝夫婦選擇比較B、C、D三區的生活機能,從中確認接下來的看屋目標。他們先列出自己所需的生活機能,再跟這三區條件分別比較。

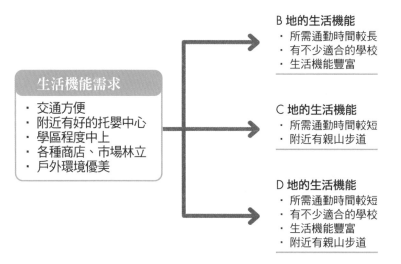

生活機能需求
· 交通方便
· 附近有好的托嬰中心
· 學區程度中上
· 各種商店、市場林立
· 戶外環境優美

B 地的生活機能
· 所需通勤時間較長
· 有不少適合的學校
· 生活機能豐富

C 地的生活機能
· 所需通勤時間較短
· 附近有親山步道

D 地的生活機能
· 所需通勤時間較短
· 有不少適合的學校
· 生活機能豐富
· 附近有親山步道

小謝夫婦認為 D 區最符合他們需求,決定可先以 D 區做為購屋地點的首選。

選擇重點

設定價格

設定房屋條件

生活機能

適合地段

家庭組成

初步調查行情

購屋評估表

41

評估方式2 找出適合地段

地段條件會由好到壞呈現不同特徵，但即便是好地段不見得就能齊備所有優質條件，也不見得壞地段就一無是處，購屋者可就各種地段類型，仔細分辨其優缺點，才能依據自己的需求找到適合地段。

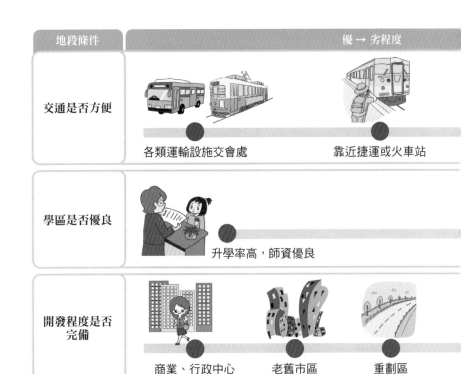

地段條件	優 → 劣程度		
交通是否方便	各類運輸設施交會處	靠近捷運或火車站	
學區是否優良	升學率高，師資優良		
開發程度是否完備	商業、行政中心	老舊市區	重劃區
環境素質高低	居民素質高、治安良好		

好、壞地段有什麼不同？

　　地段條件會由好到壞呈現不同特徵。好地段的價格多半遠超過附近地區，一旦房市走跌，好地段通常最晚遭受波及，也最先回漲。當地段較差，則購屋眼光稍不精準，就有可能發生眼睜睜看著房價下跌，無法出脫的風險。

	說明
交通不便	大多數都市裡的優質地段幾乎也都是交通要道。造成地段價值較低的因素之一，也多是大眾運輸不便且遠離高速公路等交通因素。這幾年捷運宅的話題愈炒愈熱，該地是否鄰近捷運站也成為判斷地段優劣的標準之一。
風評與學生素質較差	學區是決定地段好壞的重要關鍵，區內若有公立的明星學校，幾乎都可成為房價節節攀升的保證。相對地，同樣都是以居住為目的購屋，若房子所在的學區不佳，即便房屋本身的條件再好，很多父母還是很容易因此縮手不買。
 開發低落的鄉鎮	相較於產業沒落的老舊市區來說，商業或行政中心多半開發完善，享有多項大型公共設施，市容整齊，因此地段較好。新的重劃區雖然街廓整齊方正，但生活機能尚不完備，未來整體房地產價格漲跌，仍需看後續發展成敗而定。
 環境雜亂、治安不佳	某些地區由於居民素質高、具備特殊的社區風貌，變成人見人愛的好地段。相對地，即便交通尚可，但若此地的環境雜亂，居住分子複雜，再加上治安不佳，住宅價格仍然可能有限，並隨敗壞程度，日漸下跌。

2 我該買怎樣的房子？

我真的需要好地段嗎？

自住需求≠投資需求

當購屋者的目的在投資增值的話，應以此地當前與未來的發展條件是否良好為主要考量，不需顧慮這間屋子是否真的適合居住。相對地，若是要自住，就該滿足全家生活所需為主，增值幅度反而只是次要考量。

	自住需求 VS.	投資需求
主要效益	長期居住	短期脫手或出租
需求重點	以自身需求出發	以大多數人的共通需求為主
性　質	消費重於投資	投資重於消費

挑選必需條件，而非最好條件

有些普通地段，不見得什麼環境條件都沒有，只是該項條件跟好地段比相形遜色。例如，明星學校與普通國中小的差距等。但很多必須條件的不足之處都可以靠人力補強，而不是花大筆錢買到許多自己用不到的條件。

必需條件		改善方式
1. 子女教育	→	**1.** 可寄籍到好學區或輔導子女課業。
2. 通勤時間	→	**2.** 選擇自行開車或提早出門
3. 戶外環境	→	**3.** 選擇改在周末出遠門踏青
4. 離商圈近，採買方便	→	**4.** 一次採買較大量生活用品

擺脫門牌迷思，房價少一截

有時相鄰的兩條路會因彼此的門牌、路名不同，房價就相去甚遠。投資保值時，就會需要追求這些所謂的「燙金門牌」，才能保證這間房子的與眾不同。但當自住想節省預算時，則不妨擺脫門牌迷思，選擇周遭的「非燙金門牌」，既有同樣的生活機能，價格也會較實惠。

到捷運起訖點撿便宜

同樣都是位於捷運線上，位於黃金地段或轉運點捷運站附近的房價，會遠比捷運起訖點的房價要貴。如果只是需要利用單一捷運線通勤，可選擇避開黃金地段的捷運站附近，或是直接到捷運起訖點附近找房子。雖然，交通時間可能會因此拉長，但房屋價格卻相對划算許多。

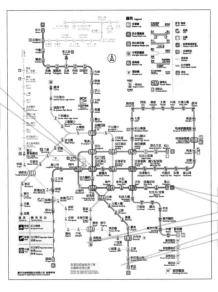

有多條捷運線交會的轉運點，容易形成價格高昂的好地段。

捷運的起訖點通常離市中心較遠，房價因而也較低。

Info　地段好壞會變化嗎？

地段好壞並非永恆不變，而會隨著地區發展起落，除了當市區老舊、商業環境衰敗會自然沒落，也可能因政府都市更新，設定重劃區等政策重新翻紅。例如，當信義計畫區被選為行政與商業中心後，成為目前全北市最昂貴的區域之一。而原本熱鬧的台中火車站一帶也會因都市老化而相形沒落。

評估方式3 依家庭構成決定房間數和房屋型態

　　你是單身貴族、小家庭、還是三代同堂？不同的家庭構成和生活方式，關係著你所需的房屋型態。事先規畫好大致理想房屋的藍圖，並思考清楚不同房屋條件的優先順序，就能較快過濾出適合的理想住宅。

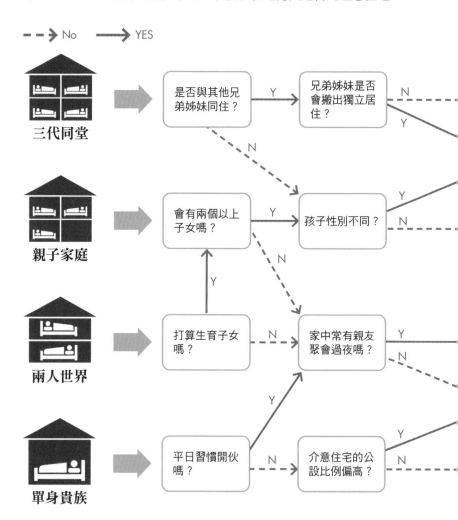

測驗看看你需要幾個房間

　　透過下方的「房型需求測驗」你可以從中分辨自己到底需要多大的空間，以及適合怎樣的房型。

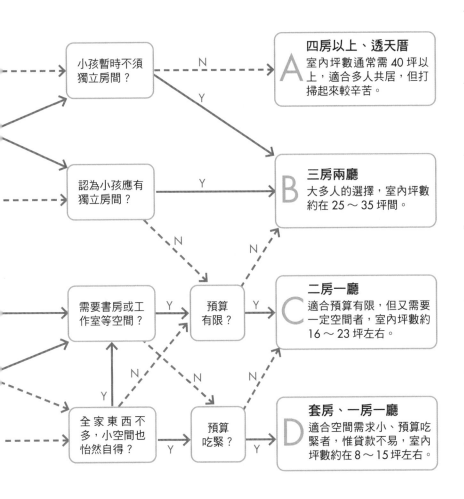

選屋重點

設定價格

設定房屋條件

生活機能

適合地段

家庭組成

初步調查行情

購屋評估表

47

鎖定購屋區域，調查地段行情

設定出適合的房屋條件後，便要調查這些適合地區的房屋行情是否符合預算，或是落在預算內的購屋區域有哪些。購屋者須學會善用各種房屋價格網站，列出同時符合預算與需求的尋屋地點。

Step 1 進入網站頁面，選擇所需功能

Step 2 選擇決定好的購屋區域與購屋條件

查詢方法 1
選擇行政區，是查詢時一定得輸入的基本查詢條件。

查詢方法 2
若希望鎖定特定社區名稱，可直接輸入。

查詢方法 3
進階條件可依個人預算、屋齡、建物面積等需求設定細部查詢條件。

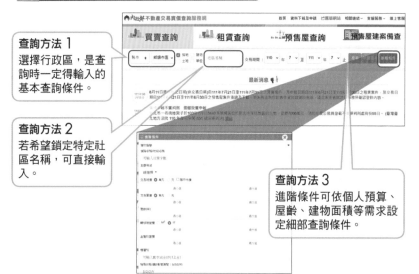

透過實價登錄調查地段行情

　　「內政部不動產交易實價查詢服務網」等房價網站，均具備各種查詢功能。購屋者在調查地段行情時，可多利用各種網站查詢比較。

選屋重點

設定價格

設定房屋條件

生活機能

適合地段

家庭組成

初步調查行情

購屋評估表

Step 3 按下「地圖搜尋」鍵，即得出搜尋結果，會出現個別成交價格等資料

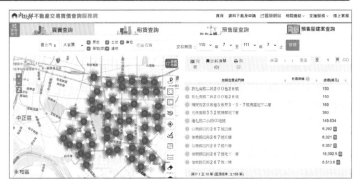

Step 4 點選交易明細可得知進一步的住宅資訊

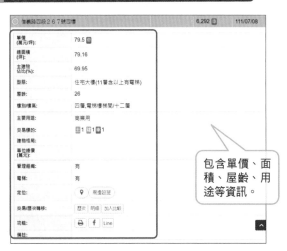

包含單價、面積、屋齡、用途等資訊。

製作你的「購屋條件」評估表

在進入正式看屋前，可將本篇提到的各種購屋考量製作成一張自身購屋條件分析表，如此一來，便能迅速分析出自己最適合的房屋類型，做為後續選屋時的依據。

家庭成員分析

◎家庭構成

　□單身貴族

　□兩人小家庭

　□親子家庭　共（　）人

　　小孩（　）歲（　）歲

　□三代同堂　共（　）人

　　雙親（　）歲（　）歲／小孩（　）歲（　）歲

家庭的生活型態

◎不同成員所需的生活機能

　雙親一　上班（　時　分）下班（　時　分）

　　　　　工作地點為（　　　　　），通勤方式（　　　　　）

　　　　　通勤時間的忍受上限為（　）分，轉乘（　）回

　　　　　平日興趣＿＿＿＿＿＿＿＿＿＿＿＿＿＿＿＿

　雙親二　上班（　時　分）下班（　時　分）

　　　　　工作地點為（　　　　　），通勤方式（　　　　　）

　　　　　通勤時間的忍受上限為（　）分，轉乘（　）回

　　　　　平日興趣＿＿＿＿＿＿＿＿＿＿＿＿＿＿＿＿

　小孩　　上學（　時　分）下班（　時　分）

　　　　　學校地點為（　　　　　），通勤方式（　　　　　）

　　　　　通勤時間的忍受上限為（　）分

　　　　　興趣＿＿＿＿＿＿＿＿＿＿＿＿＿＿＿＿

目前家庭經濟狀況

- □日常家庭開支（　　　　　）萬元
- □每月儲蓄　　□教育基金　每月（　　　）元
- 　　　　　　　□ 保險金　　每月（　　　）元
- 　　　　　　　□ 購屋基金　每月（　　　）元
- 　　　　　　　□ 定期儲蓄　每月（　　　）元

預算

- □自備款　　　　　（　　　　　　　）萬元
- □每月房貸負擔　（　　　　　　　）元
- □希望購買價格　（　　　　　　　）萬元

購屋條件分析

◎主要購屋目的	□自住　□投資
◎換屋意願	□不特別打算換屋
	□一定會換屋（□以小換大／□以遠換近）
◎環境類型	□喜歡熱鬧的都市生活
	□喜歡安靜開闊，遠離都市煩囂
	□喜歡有個性特色的生活圈
◎地段選擇	□捷運（　　）線沿線，以（　　　）站優先
	□火車站（　　）站內，以（　　　）站優先
	□同行政區或鄰近行政區，以（　　　）站優先

房屋所需條件

- □主臥室　□子女房間（　　　）間　□孝親房（　　　）間
- □書房　□浴室　□廚房　□客廳　□飯廳　□前陽台　□後陽台
- 其他（　　　　　　　　　　　　　　　　　）
- 共計（　　　）房　（　　　）廳　（　　　）衛

chapter 3

認識房屋種類，初步過濾房屋條件

同樣地區中，會有各種不同類型的房地產物件可供購屋者選擇。因此，首次購屋者更要做足功課，清楚各類房屋的優、缺點，通曉該如何挑選良心仲介與優良建商，以具備篩選適當房屋的能力。這麼一來，也才不致被各種房屋廣告拉著跑而浪費時間跟金錢。

本篇
教你

✓ 認識房屋種類
✓ 整理找房子的管道
✓ 看懂房屋廣告
✓ 如何尋找良心仲介？
✓ 如何利用網路搜尋房屋？
✓ 如何過濾需求的房屋？

認識房屋種類

房屋可依新舊、種類及用地等性質，區分出數種不同類型的房屋。購屋者要能清楚了解這些房屋種類，與自身需求，鎖定適合購買的房屋類型。

區分方式	房屋種類
依新舊區分	新 —— 預售屋 —— 新成屋
依成屋類型	土地持份高 —— 透天厝 —— 無電梯公寓 —— 電梯華廈
依用地類型	適合居住 —— 住宅區 —— 商業區
依產權區分	完整 —— 土地、建物所有權

房屋種類

找房管道

房屋廣告

挑選建商

挑選仲介

網路篩選

過濾物件

	說明
中古屋 ———————→ 舊	由於新落成的房屋管線、壁癌、折舊的情況較少，因此在類似地段與房屋條件下，通常房屋愈新愈貴，愈舊愈便宜。但因預售屋尚未完工，無法直接確認屋況，價格會比全新落成的屋子較低一些。
電梯大樓 ———————→ 土地持份低	若以房屋的保值程度來考慮該購買哪類型的房屋，土地持份高低會是重要考量。在同地段上，土地持份愈高保值性愈佳。由於透天厝是獨棟獨戶，土地持份高，價格長遠高於同地段的其他房屋。而電梯大樓則因戶數眾多使得土地持份較低。
工業區 ———————→ 不宜居住	視用地類型不同，其居住環境也不相同。不只如此，並非所有用地均能蓋住宅居住，如工商混合區、工業區等，建商依法均不得建立住宅，銀行願意放貸的貸款成數也較低。
 只有地上權 ———————→ 部分	一般買房子多半是同時購買土地跟建物的所有權，但近年有不少房屋改只出售「建物」與一定期限內的「地上權」。由於地上權住宅有使用期限，因此價格會比一般具完整產權的住宅便宜不少。

根據房屋的新舊區分

依建築完成的時間長短，可分成中古屋、新成屋與尚未完工的預售屋。

預售屋

預售屋是指販賣尚未動工或仍在建造的房屋。當建商向政府申核通過取得建築執照後，到房屋銷售完畢或完工為止都屬於預售屋的銷售期。視工程進度，通常購屋者要等上二到四年才能準備入住。

沒有實屋可看，建商的介紹與落成後常有差距。

買方需謹慎審閱合約與保存各項文宣、資料做為交屋、驗屋參考

1. 新屋且可事先變更格局（客變），幾乎不需整修費用。
2. 可分期繳付自備款付款，還款壓力小。

1. 建商可能會突然倒閉或停工。
2. 無法預知實際屋況，有可能不符當初預期。
3. 必須等完工後才能入住，等待時間長。

 預算有限的首購族、不急著入住，但想要住新房子或變更格局者。

新成屋

新成屋是自建案完工取得使用執照後，到屋齡三年內，尚無人居住過的房屋。屋況通常很新，雖然無法像預售屋一樣透過客變減少裝潢成本，但卻能現場確認建材、格局等屋況。

仲介與建商，
都是新成屋的
銷售管道。

有時新成屋只
完成住宅本
體，公共設施
尚未完工。

1. 屋況新，並可實際看屋，整修費用較低。
2. 簽約付款後可立即入住。

1. 實際成交價會比中古屋或預售屋高。
2. 房屋若有瑕疵，交屋後才會發現。

適合對象 預算較高、想要住新房子者。

房屋種類

找房管道

房屋廣告

挑選建商

挑選仲介

網路篩選

過濾物件

中古屋

　　無論賣方居住的時間長短，一旦屋子有人住過，都可稱為「中古屋」。中古屋的屋況通常較舊，所需的裝潢或整修費用會比新成屋或預售屋來得高，因此若無社區風評極好等特殊原因加持下，價格會稍低一些。

中古屋數量龐大，是房地產市場上的主力

中古屋的銷售管道多為仲介或屋主本身

 1. 選擇較多，價格較低。
2. 可事先知道周遭鄰居素質與管理狀況。

 1. 屋況較舊，通常問題較多，保固期限也較短。
2. 若屋齡過高，可能會影響後續貸款高低。

適合對象　預算有限又想盡快入住者、對房子新舊彈性較高者。

根據房屋的類型區分

除了依房屋新舊分類，房屋的成屋類型也是區分方式之一，可區分為透天厝、公寓、華廈及大樓。

透天厝

是指「獨棟獨戶」式的住宅，從土地到建物的產權都屬於屋主，享有最完整的隱私空間。由於所需土地較大，因此以台北市、新北市外的縣市較常見，都市內則因地小人稠，此類住宅相對稀有，價格更是驚人。

一樓多具車庫或供長輩住的孝親房

高度約一到五層樓不等

1.不用與其他人同住一棟建築，隱私較完整。
2.生活空間大，沒有壓迫感。

1.價格偏高，治安管理無擔保，位置可能較遠離市中心。
2.空間較大，打掃起來較費力。

適合對象 ▶ 三代同堂的大家庭、期望有較大的生活空間者。

房屋種類

找房管道

房屋廣告

挑選建商

挑選仲介

網路篩選

過濾物件

無電梯公寓

六、七〇年代左右，為了因應都市人口大增，開始出現大量三到五層樓高，沒有設置電梯的集合式住宅。這些住宅至今已然因屋齡老舊，多半價格較低。但因同棟住宅戶數較少，土地持份較高，若位於都市內的精華地段，則常具備都更效益。

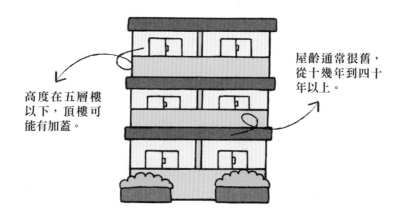

高度在五層樓以下，頂樓可能有加蓋。

屋齡通常很舊，從十幾年到四十年以上。

1.公設比低，可用面積比華廈或電梯大樓多。
2.不用繳交管理費，土地持份高。

1. 屋齡較舊，修繕費用高。
2. 缺乏管理，垃圾須自行負責。
3. 須爬樓梯，對老人家較不方便。

 適合對象　期望有較大的生活空間，但預算有限者。看準當地都市更新或合建潛力，打算自住兼投資者。

電梯大樓

超過10層樓並擁有電梯的社區型集合住宅。大部分社區電梯大樓會配有中庭花園、地下停車場、警衛管理室等,並依法組織管委會管理。近年不少電梯大樓強調多樣化的公共設施,更設有健身房、游泳池、圖書室、交誼中心等設施。

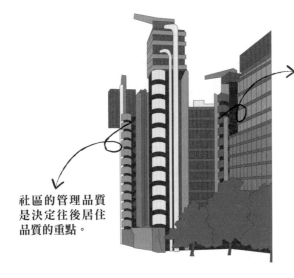

目前市面上的新建案多半為社區型的電梯大樓。

社區的管理品質是決定往後居住品質的重點。

1. 有電梯方便老人家或推車出入。
2. 通常設有保全、垃圾集合區等,公設多樣且完整。
3. 社區內通常設有停車位。

1. 公設較多,管理費較高,住戶不見得都會使用到。
2. 整體戶數較多,人多口雜,管委會可能管理不易。
3. 每戶的土地持份較小。

 家有老人家者、重視社區服務與管理,願意負擔管理費者、會利用公共設施者。

房屋種類

找房管道

房屋廣告

挑選建商

挑選仲介

網路篩選

過濾物件

電梯華廈

　　除了無電梯公寓與社區型的電梯大樓之外，還有條件介在兩者之間的電梯華廈。相比電梯大樓，華廈的戶數比較單純，通常以每層二戶的雙拼格局為主，但上下方式比無電梯公寓省時省力。若是位於都市精華地段的中古華廈，往往是不少購屋者的首要選擇。

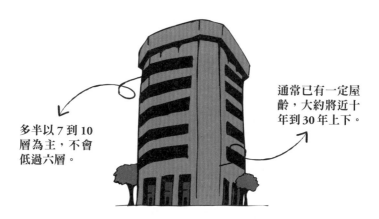

通常已有一定屋齡，大約將近十年到 30 年上下。

多半以 7 到 10 層為主，不會低過六層。

1. 公設比不高，價格比大樓划算。
2. 有電梯方便老人家上下出入。

1. 通常已有一定屋齡，須做好整修的金錢準備。
2. 因戶數較少，管理經費有限，若遇需維修公設，可能須另行提列修繕費。

 家有長輩者。評估後，不太需要公共設施，但有一定預算者。

根據房屋的建築用地區分

　　政府會依不同土地使用需求劃分區域,避免工商業者與居住者互相干擾。當房屋建築的用地不同,其環境、建築規範及貸款條件等也會有不同,買方在購屋前應先做好功課,避免買到不適合的房屋。

房屋種類

找房管道

房屋廣告

挑選建商

挑選仲介

網路篩選

過濾物件

推薦

住宅用地
一般自用住宅建設用地,但可設立民生必需的商店及停車場、市場等設施。

商業用地
以各種商業用途為主,周邊區域設置住宅區,以利在其間工作人員可以就近使用。

不推薦

工業用地
工業用地中的乙種用地是指可設在都市內的輕污染建築,其室內高度、噪音容許值等標準都與一般住宅不同。部分不肖建商會將此類工業用地建築包裝成一般住宅販賣給民眾,即「工業住宅」。

Info 工商混合區可以建設住宅嗎?

「工商混合區」和一般商業區不同,核准用途是資訊服務業及一般服務業,不得移供住宅使用,違者有被裁處的風險。

不同用地的住宅優缺點

在不同的用地上建築的房屋，法規不同、容積規定也不同，不只影響到房屋的樓層數，房子周圍的生活機能與環境，也大有差異。

用地類型	優點	缺點
住宅區住宅	專為居住所規畫，環境安靜，附近多設有國中、小等學校，利於家庭居住。	1. 價格較高。 2. 除非位在一樓，否則商業利益較低。
商業區住宅	1. 熱鬧便利，建物具有出租與店面價值，未來的房價與地價具增值性。 2. 可合法移做住宅使用，沒有違法疑慮。	商家與出入人口複雜，噪音比住宅區高，居住品質比不上單純的住宅區。
工業區住宅 （違法，不建議購買。建議確認建物謄本上的主要用途是否為住家用）	1. 用地取得便宜，故房價會便宜 2～3 成。 2. 工業住宅室內較寬敞，承載力較高，樑柱少，格局方正。	1. 生活與學區機能相對不便利，較不安全且吵雜。 2. 轉手不易且申請房貸時的成數或利率都比一般住宅要差，甚至貸款不到。 3. 不能申請政府提供的各項優惠貸款。 4. 內部規畫設計通常與住宅不同，若違法二次施工，政府可強制拆除。

地上權住宅

　　一般房屋交易是同時購買建物與土地。而地上權住宅則是保留土地的所有權不出售，購屋者付出一筆權利金，以買得建物以及長達數十年的土地使用權。每年需給付定額地租給土地所有權人。

地上權住宅的優缺點

1. 售價便宜
地上權住宅遠比同地段住宅便宜，適合能擺脫傳統「有土斯有財」觀念的買方。

2. 位於精華地段
地上權住宅多為土地極其昂貴的地段，這些地點通常各項區位條件都很良好，適於居住。

1. 不適合投資，只宜自用。
房價雖然便宜，但建物會隨時間降低價值。無法像一般住宅可因土地增值抵銷折舊。

2. 轉手困難
隨使用年限愈近，後續接手的人可使用期間逐漸縮短，脫手轉售較一般住宅更困難。

3. 銀行貸款意願不高，並且貸款金額較低。

4. 一般使用年限只有 50 年到 70 年。

適合對象 渴望購屋，但手上現金不多的自住型購買者。

小提醒 需要留意你買的是地上權房屋還是使用權房屋。地上權及使用權住宅關鍵差別在於開發商賣給你的地上權是屬於「可分割移轉」，還是「不可分割移轉」。後者又稱為「使用權住宅 」或「使用權房屋」，意思是你在購屋後只能取得土地和建物的「使用權」，相關土地的地上權及大樓的所有權都還在開發商名下。未來想要賣掉也需要透過開發商，無法自己處理。

特別注意 一般住宅要繳地價稅，地上權住宅則是繳地租，兩者稅基都是採用公告地價，但自用住宅地價稅稅率僅0.2%，地上權地租則是3.5%（其中2.5%，稅基採用建商得標年度地價；另外1%，採用報稅當年度地價）。

我該透過哪些管道找房子？

適合購屋者的理想屋一定存在，端看你可否善加利用各種管道循線找到。
由於不同管道都各有優勢或盲點，購屋者應該多管齊下，擴大尋屋範圍，
不只能讓你迅速熟悉當地行情，也能提高找到理想房屋的機會。

親友

● 住在目標地區的親友
● 附近鄰居

逛街

● 興建中的工地
● 預售屋或新成屋的銷售中心
● 詢問該大樓的管理員
● 張貼「出售」廣告的房子

多管齊下的

廣告

● 數位行銷
● 傳單
● 報紙
● 紅紙條

找房子管道綜合比較

管道	優點	缺點
親友	1. 有人介紹，風險較低 2. 可議價空間大	不喜歡時，也不好意思拒絕。
上網	1. 節省時間 2. 資訊公開透明選擇多	未親眼看到房屋，容易有落差感及糾紛。
廣告	容易取得	小心誇大不實
逛街	可直接看屋並對區域環境有完整的了解。	費時費力
仲介	1. 提供豐富資訊 2. 有人幫忙議價	1. 需支付費用 2. 素質良莠不齊

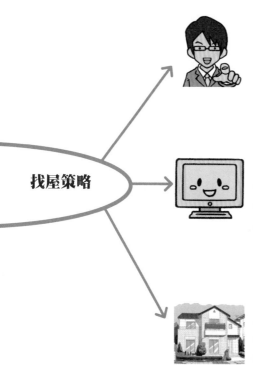

找屋策略

仲介
- 仲介店面玻璃牆上的房屋資訊
- 仲介個人刊登的訊息
- 房屋仲介公司網站

上網
- 房屋買賣平台如 591、樂屋網等
- 房屋仲介公司的網站
- 內政部營建署網站公告

房屋拍賣
- 由法院公告的法拍屋
- 由銀行委託拍賣的銀拍屋
- 由金融機構委託拍賣的金拍屋

房屋種類

找房管道

房屋廣告

挑選建商

挑選仲介

網路篩選

過濾物件

如何看懂房屋廣告？

房屋廣告是購屋者得知售屋訊息的主要來源，可做為找房子時的參考，但因廣告圖片跟文字往往過於誇大或模稜兩可，購屋者要能謹慎分辨。

網路廣告

除房屋交易平台或房屋資訊網，新建案通常也有專屬網站宣傳。

特色 資訊多元，但需自行整合、查詢。

路旁傳單、招牌

包括仲介的小告示牌，與新建案的大型廣告招牌等。

特色 雖然資訊不足，但通常離待售物件不遠，若有興趣可直接看屋。

房屋廣告種類

電視廣播

能給人較深刻的印象，但多以文字或圖片擇一為主。

特色 可提供其他選項，但應小心廣告內容華而不實。

報章雜誌

如雜誌或報紙的地產版，圖文並茂，甚至有較完整的分析。

特色 資訊完整，但需小心相關報導可能為建商的置入性行銷。

Info 預售屋的廣告內容為契約的一部分

由於買方是基於信賴廣告內容，而與建商簽定契約。因此，相關廣告圖說會被視為契約的一部分。但若簽約時，雙方約定「廣告僅供參考，並非買賣契約的內容」，萬一廣告與成果不符，買方就無法申訴建商廣告不實。

看懂廣告圖片

不只是建商的廣告圖片會經過美化合成,連不少中古屋的房屋實景照,也會經過精心取景或後製。篩選房屋條件時,應先熟悉這些圖照花招。

夢想最美的預售屋廣告

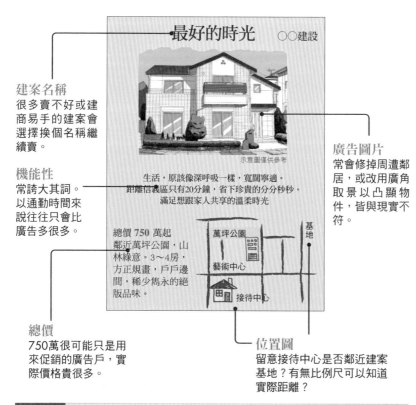

最好的時光
○○建設

示意圖僅供參考

生活,原該像深呼吸一樣,寬闊寧適。
距離信義區只有20分鐘,省下珍貴的分分秒秒。
滿足想跟家人共享的溫柔時光

總價 750 萬起
鄰近萬坪公園,山
林綠意。3～4房,
方正規畫,戶戶邊
間,稀少雋永的絕
版品味。

萬坪公園
藝術中心
接待中心
基地

建案名稱
很多賣不好或建
商易手的建案會
選擇換個名稱繼
續賣。

機能性
常誇大其詞。
以通勤時間來
說往往只會比
廣告多很多。

廣告圖片
常會修掉周遭鄰
居,或改用廣角
取景以凸顯物
件,皆與現實不
符。

總價
750萬很可能只是用
來促銷的廣告戶,實
際價格貴很多。

位置圖
留意接待中心是否鄰近建案
基地?有無比例尺可以知道
實際距離?

Info 眼見才能為憑的中古屋照片

為增進賣相,提高詢問度,有些仲介會美化房屋照片。因此,找房子時不可把照
片全部當真,還要比對其他資料,現場走訪一趟確認。

69

看透廣告玩的文字遊戲

為了吸引購屋者，提高看房意願，房屋的廣告文案會盡量揚善隱惡或逆向思考，將原本的缺點換個角度說成優點，成為業界常見的行銷包裝手法。第一次買房子的人更需多留意這些文字遊戲，不致有過度期待。

廣告詞	事實
環境幽靜、森林浴	房子可能位於郊區或山上。
無敵美景	通常離市中心較遠，可能位於高樓層或是山上、河畔，要小心前方有無被遮蔽的可能，或所謂「美景」只是一堆頂樓加蓋。
靜巷雅居	房屋可能位於較狹小的死巷中。若位於寬大的活巷，則通常會強調「六米活巷」。
亮麗陽光、採光絕佳	廣告過度強調採光時，應留意是否有西曬。
挑高機能豪宅、極品大鎮等	若暗示不只住宅用途，可能為工業住宅，或有違法夾層、挑空等。
名設計師加持	往往只負責設計外觀而非整體結構，且多非設計師本人設計，而由旗下事務所代勞。
名樓的建築經驗	強調建商資歷，其實兩者的定位、價格、建材可能天差地遠
高級建材或同級配備	最後往往只採用「同級配備」，雖說同級但價格品質相去甚遠。
五星級管理	意味需要自付昂貴管理費。
轉個彎就到市中心	通常在市中心外的隔壁縣市，需靠開車通勤，一般通勤時間往往超過原本預期。

破解廣告中的數字幻象

　　房屋廣告常會使用數字陷阱，讓買方誤會該物件符合自己需求。因此，找房子時，必須要先破除這些數字迷思，就可在第一時間切入重點，確認對方所言是不是真正符合需求。

廣告用語	買方以為	事實
首付只需 20 萬，輕鬆入住	現金不多也可一圓購屋夢想	1. 訂金與簽約款低，但後續工程款驚人 2. 建商以假合約使銀行超貸
工程零付款	自備款可以簽約後慢慢籌措	訂金、簽約金、開工款的金額比例大幅增加
二加一房、三加一房	相同的坪數卻有較多的房間數	每間房間的坪數縮小，反而不實用。或只是多一塊畸零空間
複式創意小坪數大空間	撿到便宜空間加大	違法夾層屋
總現 150 萬	現金總價只需 150 萬	這只是現金自備款總額，貸款成數可能較高。
同樣價格，使用坪數多十坪	只要買下來就可以有大使用空間	占用到防火巷或使用限制眾多的露台。
十萬現金當房東	投資報酬率超高	十萬元只是訂金，後續負擔依舊很高。

對不實廣告如有疑義，可向公平交易委員會查詢

房屋種類

找房管道

房屋廣告

挑選建商

挑選仲介

網路篩選

過濾物件

如何尋找良心建商？

若你打算購買預售屋，建商到底可不可靠就是決定未來房屋能不能住得安心滿意的關鍵。購屋者在挑選預售屋時，便要學會準確判斷建商的資歷、表現、信譽，才能提升尋屋效率與準度。

分析建商資歷

買房子最怕碰到「一案建商」，建商是第一次蓋屋，而購屋者簽約、付款後，房子還沒蓋完，建商就突然倒閉。或是建商第一次推出此類房型，完工結果也有機會不如預期。篩選房屋條件時，同時考慮建商資歷與過往的開發經驗，就可降低誤觸地雷的機會。

全國級建商
建案遍布全國各地的大型建商，通常已上市上櫃，技術與建築風格較多變化。
優點 較不會發生財務困難，工程嚴重延宕。
缺點 品質良莠不齊，需比較平均風評。價格偏高。

老牌在地建商
專注在特定區域的中型建商，在該地區曾蓋過不少建案，各建案的建築風格與客層都相近。
優點 品質多有一定水準，價格實惠。
缺點 知名度較低，須深入在地打聽。

小建商
沒有名氣，目前尚無完成建案或建案極少者。
優點 通常售價較低，優惠較好凹。
缺點 資本額低，倒閉或偷工減料的風險較高。

檢視建商實際表現

　　不同建商會有各自的特色，篩選建商時，可從自身特別重視的地方為起點，如漏水、工安意外、防震等，觀察建商以往建案的實際成果，或是購買該家建商房屋屋主的評價。如果發現建商常有糾紛或工安意外時，便能事先略過此家建商，或是事後特別小心。

優質建商	施工品質良好、態度誠懇如一，自家旗下有完整營建公司、物業管理公司能提供一條龍式的服務流程、有完善的建物、漏水保固。點交公設、房屋的速度快。
不合格建商	工程期間時有意外、點交房屋、公設的速度慢、偷工減料、房屋保固不完全或時間過短、工程無故拖延、財務狀況有問題。

房屋種類

找房管道

房屋廣告

挑選建商

挑選仲介

網路篩選

過濾物件

如何尋找良心仲介

房屋買賣牽涉到許多專業的法律知識與流程，而且需要很多時間來整理房屋資料與看屋等，此時仲介的角色就很重要了，決定一家好的仲介公司與仲介人員，和決定買哪間房子是一樣重要的。

良心仲介該具備的服務流程

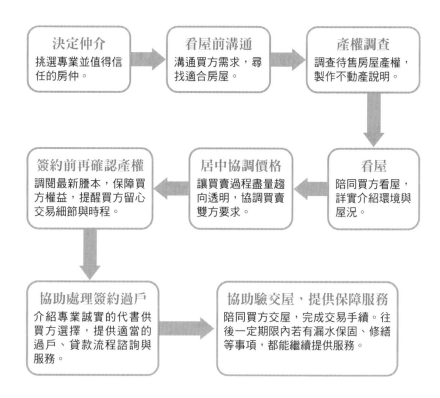

決定仲介
挑選專業並值得信任的房仲。

看屋前溝通
溝通買方需求，尋找適合房屋。

產權調查
調查待售房屋產權，製作不動產說明。

簽約前再確認產權
調閱最新謄本，保障買方權益，提醒買方留心交易細節與時程。

居中協調價格
讓買賣過程盡量趨向透明，協調買賣雙方要求。

看屋
陪同買方看屋，詳實介紹環境與屋況。

協助處理簽約過戶
介紹專業誠實的代書供買方選擇，提供適當的過戶、貸款流程諮詢與服務。

協助驗交屋，提供保障服務
陪同買方交屋，完成交易手續。往後一定期限內若有漏水保固、修繕等事項，都能繼續提供服務。

如何分辨好的仲介公司?

由於賣方常常將屋子同時委託給數間仲介公司販賣,或是買方也可委託信任的仲介業者代為向賣方洽詢。因此購屋者應從專業度、服務完整度、服務費高低等項目,從中挑出誠實可靠的好仲介。

 大型房仲集團
直營店
管理較嚴格一致,服務較有保障,但服務費彈性較低。

加盟店
人員良莠不齊,各店規定均不相同。
可從店名有無加註「加盟店」分辨,或同一集團下會有直營品牌與加盟品牌。

在地小型房仲
若有專業訓練,在地人脈廣,則會有不錯的獨家銷售物件,服務費彈性也較高。但整體服務品質不一,糾紛機率較高

選擇適合的仲介公司

有誠信的仲介公司要具備相當程度的專業,協助買賣雙方妥善處理交易流程。因此,挑選仲介業者時,應留意店家是否齊備相關證照、有專業人員負責,往後的交易才會有保障。

Point 1 是否具備房地產仲介的專業資格

合格、專業的房仲營業處所會在店內明顯處,出示「公司執照及營利事業登記證」、「主管機關許可文件」、「不動產經紀人證書」、「公會會員證書」等。而店內的契約書表如:「不動產出租、出售委託契約書」、「不動產廣告稿」、「不動產說明書」等也均應有不動產經紀人簽章。

Point 2 服務是否完整

好的仲介公司會體察大多數客戶的需求,而設計出完整的服務流程。挑選仲介公司時,可詢問他們大致的服務項目,以及留心服務內容。

房屋種類

找房管道

房屋廣告

挑選建商

挑選仲介

網路篩選

過濾物件

找屋、看屋	議價、簽約	過戶、交屋
● 分析客戶需求	● 合理估價、協調價格	● 漏水保固
● 製作不動產說明書	● 提供合格代書人選	● 免費代辦優惠稅率
● 提供不動產資訊	● 法律稅務諮詢服務	● 提供節稅建議
● 產權調查	● 履約保證	● 協助點交房屋
● 客戶服務專線	● 推薦貸款銀行	● 後續問題處理

房仲服務費怎麼算？

依內政部規定，房仲向買賣雙方收取的服務費合計不得超過成交價的6％，底限則無規定。購屋者應事先詢問清楚各店服務費計算與繳交方式。

房仲服務費的市場行情

一般來說，大型房仲服務費較硬。小型房仲或加盟店仲介費彈性較大。

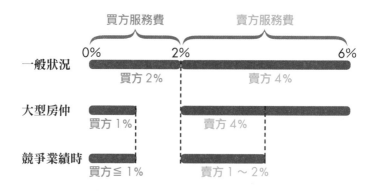

房仲服務費應選兩段式收費

為確保購屋過程中仲介的服務品質保持一致，購屋者可確認店家是否採取兩段式收費。即順利簽立買賣契約時，仲介可收收70％的服務費，等到完成交屋後再收取剩下的30％。

他是不是好的仲介人員？

好仲介可幫購屋者一圓成家夢想。但不良房仲也會讓購屋者買到問題房屋。購屋者除了多做功課，也可從仲介的言談舉止，冷靜觀察其表現。

如何分辨好仲介與壞仲介？

購屋者可在服務過程中，持續觀察仲介品質。若覺得再也無法溝通或信任該仲介業務時，應當機立斷，馬上換成其他仲介店家，或要求換人。

回答問題的態度	新手買屋難免會有許多疑問，仲介能不能誠實告知、詳實解釋，是新手買方會不會吃虧的關鍵。

☺ 好仲介

1. 能專業有條理、耐心地回答問題，出具可信的資料佐證。
2. 能仔細聆聽問題，針對客戶疑慮提供解決策略。

☹ 壞仲介

1. 一味訴諸經驗，或是套交情，模糊問題焦點或敷衍回答。
2. 無法出具資料，或是跟你說這些資料不重要，都是騙人的。

看屋、議價時	買房、看房、交易的細節多如牛毛，仲介要能體貼客戶需求，而非一味慫恿。

☺ 好仲介

1. 仔細聆聽紀錄買方需求。
2. 能主動告知附近行情、客觀分析房屋優缺點、降價機會。
3. 多帶買方看房，但不強迫出價。
4. 不介意買方多比較各家業者。

☹ 壞仲介

1. 所看房屋大多不符買方需求。
2. 只提及較高價的案例。
3. 一味稱讚房屋優點，有缺點都只是小事或正常。
4. 壓迫買方盡快出價成交。

房屋種類
找房管道
房屋廣告
挑選建商
挑選仲介
網路篩選
過濾物件

認識房屋種類，初步過濾房屋條件

利用網路篩選中意物件

雖然網路無法取代實際看屋，但房屋買賣平台或仲介公司的網站上，卻常常同時網羅了大量待售房屋。買方可先從中設定條件，篩選出有興趣想實地看看的物件，也能同時透過開價、照片與說明，來熟悉當地行情。

搜尋流程

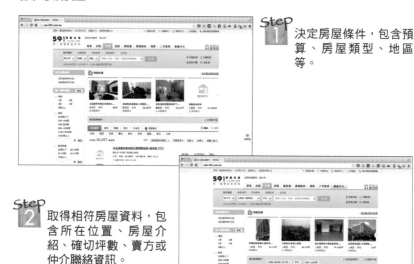

Step 1
決定房屋條件，包含預算、房屋類型、地區等。

Step 2
取得相符房屋資料，包含所在位置、房屋介紹、確切坪數、賣方或仲介聯絡資訊。

Step 3
依照賣方或仲介聯絡資訊聯絡對方，確認房屋詳情，是否適合看屋。

網路售屋花招

　　上網看屋只是購屋前的第一步，讓買方可以在短時間內收集大量的資料，所以下面所提的花招並不會直接傷害買方的權益，但若買方不先掌握大致狀況，後續仍有被騙的可能。

花招 1　同一間房子同時好多人在賣？

若屋主同時委託各家房仲業者銷售，則可能出現此狀況。買方可比較各家業者的開價與服務，並詢問清楚。若當中同時有屋主本人，建議可直接聯絡屋主買賣。

花招 2　明明網站上還有，怎麼打電話問都說賣出了？

這就是所謂的「釣魚物件」，多半是房屋仲介為了找出潛在買方，在網上刊登超便宜或超優質的房子，但其實這房子根本不存在或是已賣出，目的在誘出買方，再說服他買其他房子。

花招 3　價格突然大幅下降，我撿到便宜嗎？

刊登者第一次刊登時先拉高價錢，然後過些時候再降價，買方以為可以撿到便宜，但若沒有仔細比價，可能買得更貴。

花招 4　網上刊登的照片及影音看屋是真的嗎？

如果房子裡面屋況不佳，刊登者可能就拍附近的公園美景，或捷運、站牌、夜市等；影音可能拍的是同棟的別間物件；有時將照片拍的朦朧甚至修圖，所以無論如何應至現場看屋。

房屋種類

找房管道

房屋廣告

挑選建商

挑選仲介

網路篩選

過濾物件

如何過濾需求的房屋物件？

在了解各種不同的房屋類型之後，接下來就是告訴首購族，如何依照自己本身的條件與需求，來選擇適合的房屋類型。

Step 1 決定需要的使用分區

住宅區	單純寧靜，近學區。
商業區	生活便利熱鬧，房屋增值快，但價格也高。
工業住宅	雖然便宜，但不鼓勵購買。

Step 2 根據手中資金及入住急迫性決定房屋新舊

預售屋	適合手中現金不多但努力存錢的年輕人（藉由必須定期支付的工程款強迫自己儲蓄）。
新成屋	手中現金足夠，可負擔較高房貸，適合希望馬上入住且不需花大錢裝潢的購屋者。
中古屋	適合希望馬上入住，自備款資金充裕但總價預算相對較低的購屋者。

Step 3 選擇適合房型

公寓	土地持分大、超低公設比、實際居住空間大，適合年輕人。
大樓	有管理、休閒設施，適合喜歡生活機能多元的家庭。
華廈	有電梯、低公設、管理費低，適合自住買家。
透天厝	土地持分大而完整，空間使用自由，但因價格考量，較適合非都會區的購屋者。

實例 ① 小謝夫婦約 30 歲左右，屬於工作跟薪水都很穩定的上班族。目前與父母同住，未來計畫開始生小孩。雖然手頭資金不算太多，但不急著馬上入住。

STEP **1** 考量到未來小孩的學區及需要單純的生活環境。
➡ 應朝住宅區發展。

STEP **2** 手中資金不算太高，但不急著馬上入住。
➡ 可考慮有時間慢慢存錢的預售屋，或是總價較低的中古屋。

STEP **3** 以自住為主，有小孩後會需要較大的生活空間。
➡ 適合空間較大，公設比較低的公寓或華廈。

整體選擇 ➤ 小謝夫婦可考慮多找位於純住宅區中，總價較低的中古公寓，或參考先買再存的預售華廈。

實例 ② 傑克是年近 40 歲，工作極忙碌的單身貴族，喜歡上健身房或游泳，非常重視生活的便利性。目前打算賣掉舊屋，換到市中心的公司附近居住，以節省通勤時間。預算較高，但希望能趕快入住。

STEP **1** 希望住在公司附近，並重視生活便利性。
➡ 應朝商業區發展。

STEP **2** 可投入賣房後的資金，預算較高。但希望能盡速入住。
➡ 可考慮新成屋，或屋況跟地點良好的中古屋。

STEP **3** 喜歡上健身房或游泳、只有一個人住，空間不用太大。
➡ 適合空間不用太大，但公設周全的大樓。

整體選擇 ➤ 傑克可考慮多找公司附近，公設齊備，轉手機會高的中古或新成大樓。

chapter 4

出發看房子，鎖定適合物件

看屋、選屋是買房子過程中的首要關鍵，能不能客觀正確地看出房子優缺點，過濾出喜歡又適合的物件，足以影響最後這次買房子的成敗。由於看屋的眉角眾多，購屋者牢記看屋訣竅後，再配合大量實際看屋，新手也能逐步掌握看屋祕訣。

本 篇
教 你

✓ 看懂成屋與預售屋的
　 房屋資料
✓ 學會鑑別屋況與環境
✓ 理解停車位的產權與買賣
✓ 學會做產權調查
✓ 製作看屋評估表

買成屋先看「不動產説明書」

人們應徵工作時會準備履歷，仲介替待售房屋準備的履歷，稱為「不動產説明書」，裡面刊載各種房屋的基本資訊。購屋者看屋時需要詳細閱讀並相互比對。

「不動產説明書」的閱讀重點

內政部規定仲介必須針對待賣房屋準備「不動產説明書」。一般較完整的說明書會具備以下項目。若提供的不完整應要求補充。

產權調查表

交易權類：買賣		權利種類：所有權	
一、　銷售標的的基本資料			
建物部份			

所有權人：王○虹
門牌：新北市新店區寶橋路 678 號
主要用途（依據本登記）：住家用
● 若客戶有實際需求時，可再申請調閱使用執照上登載之用途
● 若欲作營利事業登記，須進一步確認從從事之行業是否符合都市計劃及建築管理等法令之規定方能確定。
主要建材：鋼筋混凝土　　　建物型態：公寓
建築完成日期：民國 68 年 05 月 19 日　地上總樓層 5 層／本物件位於第 4 層

面積項目名稱	平方公尺	坪
主建物	77.90	（約）23.56
陽台	14.55	（約）4.40
建物合計總面積	92.45	（約）27.97

土地部份
土地總面積：147.93 平方公尺（約 44.75 坪）
持分面積：29.59 平方公尺（約 8.95 坪）
二、　他項權利內容
建物部份

權利種類	登記日期（民國）	權利人	債權總額（新臺幣：元）
抵押權	96 年 03 月 30 日	○○銀行	6,100,000
最高限額抵押權	98 年 10 月 15 日	○○不動產公司	2,000,000

土地部份
他項權利與建物相同

⊙成屋產權調查表

 房屋基本資料

基本認知 應包括坪數、所有人、土地使用分區、樓層等資料。

注意重點
1. 與登記謄本刊載內容是否相符。
2. 交易條件中是否清楚說明有無他項權利以及限制登記等狀況。

有些仲介會希望你先看屋，回頭再看不動產説明書。但事後再看往往容易忽略該留意的細節。你應堅持仲介將不動產説明書一併帶到現場供你比對翻看。

相關稅費及服務費項目

委賣價格：新台幣 12,345,000 元

付款方式：依雙方約定

賣方支付項目

1. 特種貨物及勞務稅（奢侈稅）：持有期間在二年以內之房屋及其坐落基地（不包括該條例第五條所規定者），銷售時所收取之全部代價（包括在價額外收取之一切費用），實際稅額以稅捐機關審查結果為準。
2. 土地增值稅：見下週之增值稅概算表
3. 到期工程定金費
4. 交屋日前之房屋稅、地價稅、水電、瓦斯、管理費、電話費等
5. 簽約手續費：1000 元、抵押權塗銷代書費：一額位 2000 元
6. 房貸提前清償違約金：是否有續開及實際金額，需貸款人與貸款銀行之約定條件
7. 仲介服務費：實際成交價格的百分之四

買方支付項目

1. 規稅：委託人無法即時提供稅單資料，放無法概算。
2. 簽約手續費：1000 元、過戶代書費：土地一筆、建物一棟時，每件10000 元、每增加一筆（或一棟）加 1000 元，若需辦理貸款，每筆設定代書費 4000 元，設定規費及火險費依實際發生費用支付。

⊙買賣交易條件與稅費

 賣方開價、雙方應負擔的稅費、屋主是否附贈任何物品等。

 議價攻防時，條件都可以再討論。買方不見得需要一味接受。

⊙標的現況說明書

房屋現況說明

 登錄房屋結構、大小、管線、事故等狀況。檢查項目可依「有」、「無」、「依現況交屋」勾選。

 1.「依現況交屋」代表可能有其他不在表上的狀況。買方應追問下去，要求賣方跟仲介盡力誠實告知。
2. 說明書上應有經紀人與賣方確認後的簽名。

⊙買賣仲介委託書

買賣委託書

 寫明委託方式是該間仲介經營的「專任約」，或可由多家聯賣的「非專任約」，與約定的委託期限。

 從委託方式確認是否能改找其他仲介買賣，或自行找屋主洽談。

買預售屋要詳讀書面資料

預售屋書面資料的種類、形式繁多，有銷售說明書、示意圖、結構圖與預售屋契約書等。購屋者應先理解各類資料的閱讀重點，才可正確預期未來的居住環境。

	一般銷售說明書	深入了解重點
建案周遭地區介紹	隱惡揚善的文案與簡易的周遭環境設施說明、圖片。	1.打聽該地區風評。 2.查閱政府公告的都市計畫。 3.查閱當地空照圖或衛星影像。
建案與建設公司介紹	絢麗的文案與圖片宣傳建案特色與公司經歷。	1.該公司地點、價位相仿的建案風評。 2.有無發生過糾紛或工安意外 3.確認該建案是否已領有建造執照：建築物的興建，必須領有建造執照，才可以廣告或銷售。
樓層與坪數規畫	以房型示意圖介紹各種房型與坪數大小	1.詳細確認房屋的長寬、高度等。 2.與周遭的相對位置是否良好。
公共設施介紹	利用 3D 模擬未來社區內的各項設施與空間、環境。	1.公設項目應查對實際預售屋契約。 2.估計維持公設所需的管理費 3.有些建商只列私有面積及公共設施面積；但事實上，私有面積並不等於自用面積，購屋者應多加注意。
實際位置與周遭交通路線	建案的坐落地點與建議交通路線。	1.確認代銷中心與建案基地是否相同。 2.實地走訪基地，確認通勤路線與時間。
貸款、自備款比例與交易細節	從「總價」、「頭期款」或「貸款成數」中挑出吸引人的做為主打重點。	許多建商為了促銷，常會以動人的廣告來吸引民眾購屋，但付款辦法是否合適、有多少貸款額度，購屋者都應充分了解。

非看懂不可的各種預售屋圖表

1. 選用適當圖照，透視周遭環境

看屋者可搭配不同圖照
多了解周遭環境。如利
用空照圖或衛星影像調
查附近是否有墓地，與
鄰近高架橋、高速公路
或高壓電塔的相對位置
等。就算建商未提供，

看屋者也可利用Google Earth加上政府的「地籍圖資網路便民服務系統」
整合查詢。

種類 包含交通路線圖，周遭環境圖與空照圖等。

☺ 能事先知道各種環境狀況。

☹ 更新資料的間隔時間較長，可能會有些許誤差。

2. 保存示意圖，做為交屋比對依據

示意圖常會縮減重要細節跟比例，不能全信。
按政府規定，預售屋建商所製作的示意圖可視
為預售屋契約的一部分，購屋者要好好留存，
交屋時才有對照依據。

種類 可分成 3D、與平面兩種，包括外觀示意或室內家具配置示意等。

☺ 透過家具配置或 3D 環境模擬能讓看屋者對未來房屋樣貌有具體想像。

☹ 常被人詬病虛有其表，華而不實。

3. 從配置圖確認整體規畫

全區配置圖則是鳥瞰該建案整體環境，看屋者能從中得知「公共設施有哪些？」「中庭怎麼設計？」「各棟的相對位置如何？」等問題。圖上並會標明方位以供參照。

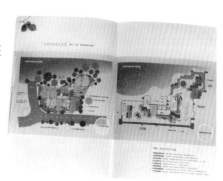

🙂 可看出房屋坐向與社區各空間的相對位置與大小。

🙁 周遭建物多會省略不畫，需得比對空照圖，模擬房屋景觀與社區環境。

4. 學會查看結構圖，確認實際空間大小與管線走向

一般人較難看懂施工所需的結構圖，但因這些圖表才記載有最詳實的長寬尺寸等資訊，若購屋後想客變，設計師、施工者都會需要此類圖表。看屋者可在代銷中心查閱，並要求銷售人員說明，並可拍下藍曬

圖中與中意房型相關的頁面，做為比對所有平面圖表的基礎。

種類 主要有藍曬圖、水電管線圖、結構剖面圖等。

🙂 標示詳實，最能看出房屋實際狀況。

🙁 標記方式較專業，學會看圖門檻較高。

5. 詳細檢視樓層平面圖

想要購買預售屋的看屋者，必須先學會看樓層平面圖。樓層平面圖中會標示該樓整層的空間配置，如該層的各房型、梯廳、逃生設備的設置位置等。不過，樓層平面圖中並無詳盡的房屋高度、長寬等資料。購屋者還須另外翻閱藍曬圖，將這些數據資料註記在樓層平面圖中，方便後續看樣品屋時，隨時查找比對。

☺ 能清楚看到樓層與房屋的平面規畫，減少家具示意帶來的空間錯覺。

☹ 多半未載有確切尺寸或比例尺，仍需比照藍曬圖實際長寬、高度。

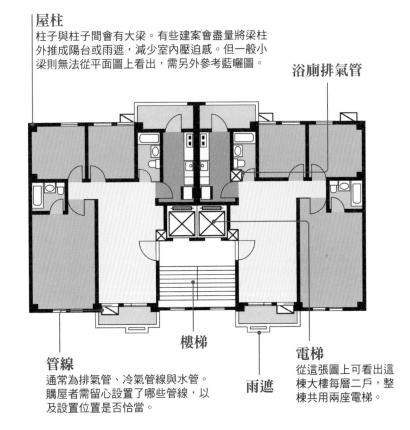

屋柱
柱子與柱子間會有大梁。有些建案會盡量將梁柱外推成陽台或雨遮，減少室內壓迫感。但一般小梁則無法從平面圖上看出，需另外參考藍曬圖。

浴廁排氣管

樓梯

電梯
從這張圖上可看出這棟大樓每層二戶，整棟共用兩座電梯。

管線
通常為排氣管、冷氣管線與水管。購屋者需留心設置了哪些管線，以及設置位置是否恰當。

雨遮

看屋況 **1** 看成屋時應注意的重點

成屋的屋況可分成室內跟室外，看屋時應掌握「由大到小」、「由外到內」的順序，先檢查整體有無缺失，再觀察細節有無瑕疵，並從屋外一路觀察到房內，就能不錯過該看的成屋重點。

☞ 屋內狀況的檢視重點

★格局、坐向、建材管線等老舊狀態

★牆壁、地板、天花板等是否傾斜漏水

☞ 屋外狀況的檢視重點

★屋外環境、建築外觀設計、外牆維護狀況、整體建築的安全設施。

Info 看屋前該做什麼準備？

當仲介臨時約買方看屋，若購屋者沒做任何準備，難免成果有限。購屋者不妨先詢問該屋的地點、屋齡，並將約定時間稍微推晚半個到一個小時。利用這段時間，可上網查詢該社區評價或環境如何、有無特殊狀況、是否常釋出等。再提前到該屋附近走走，觀察周遭環境或跟當地居民聊聊。如此一來，看房時就能更從容不迫地掌握整體狀況。

屋內狀況

看屋要先觀察格局、坐向等滿不滿意、或房屋結構有沒有重大缺陷，若這些地方有問題，購屋者通常都難以改變。此外，廚房、臥室、衛浴等空間的看屋重點不同，購屋者也要學習掌握。

依照重點順序看屋，避免有所遺漏

新手常只顧著看裝潢，重要的細節卻常東漏西漏，或不知如何看起。但只要學會按部就班檢視各項屋內重點，就能降低漏看的機率。

Point 1 看格局

房屋格局愈方正，多半動線愈佳，視覺死角較少。若開窗的位置能適當，更可提升全屋的通風效果。看房時要多在屋內來回走動，感受各空間動線、通風與採光是否良好。

格局方正，位於邊間

邊間的房子多半可三面開窗，採光與通風較佳。當室內各房間與整體格局都方正完整，則易於布置家具，能充分利用空間。

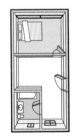

長條形格局，位置居中，只有前後採光

當房子格局為長條形，只有前後兩面採光，客廳或房間較難都對外開窗，形成暗廳或暗房。如果衛廁也無對外窗，空氣流動不易，溼氣跟穢氣也會無法迅速排出。

三角或多邊形格局

視覺死角多，光線跟通風也都易有死角。不易擺放家具，造成空間浪費或虛坪。

Point 2 看坐向

　　客廳開窗方向會影響全室採光與溫度，一般以此當做房屋坐向。當陽光直射家中的時間過久，屋內溫度升高，屋主得多開冷氣降溫，增加電費開支。同時，日子久了以後，被長期直曬的建材跟牆壁也會變色、變質。

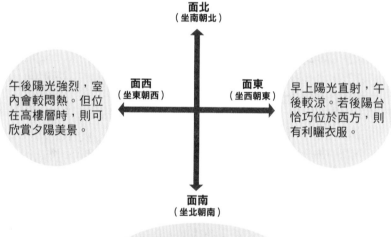

夏日無法吹進西南季風，冬天易灌入東北季風，室內多夏熱冬寒。

面北
（坐南朝北）

面西
（坐東朝西）

面東
（坐西朝東）

午後陽光強烈，室內會較悶熱。但位在高樓層時，則可欣賞夕陽美景。

早上陽光直射，午後較涼。若後陽台恰巧位於西方，則有利曬衣服。

面南
（坐北朝南）

夏日有西南季風，冬天可擋東北季風，室內冬暖夏涼。

Point 3 看建材、管線

　　建材、管線與建築工法關乎房子能不能耐久，購屋者必須特別小心。看屋時需對照不動產說明書留意有無鋼筋外露、地板傾斜、明顯的水漬、壁癌等情形。

常見的建材類別

RC （鋼筋混凝土）	適用一般建築，由於重量較重，樓層不宜太高。 **優點** 建材較耐熱　　　　**缺點** 建築工時較長
SC （鋼骨結構）	適用商業大樓，建材重量較輕，可蓋超高建築。 **優點** 工時短　　　　　　**缺點** 建材較不耐熱
SRC （鋼骨鋼筋混凝土）	兼具 SC、RC 的長處，15～25 樓以上的建築適用。 **優點** 耐震、防火　　　　**缺點** 造價最高

　　輻射鋼筋與海砂等都屬於嚴重的建材問題，看屋者可查詢如原能會的「輻射屋查詢」等相關網站。賣方也應提供氯離子的檢測數據，做為判斷海砂屋的依據。

海砂屋

何謂海砂屋 ➡ 以氯離子含量過高的混凝土建造的房屋。

判斷訣竅 ➡ 觀察有沒有壁癌，鋼筋腐蝕、混凝土龜裂等現象，或要求賣方出具氯離子濃度的檢測報告。

輻射屋

何謂輻射屋 ➡ 以受到輻射汙染的鋼筋建成，鋼筋會持續釋放輻射影響人體，國內輻射屋多在民國 71～73 年建成。

判斷訣竅 ➡ 肉眼無法判斷，只能上網查詢各地的檢測結果。

Info 「明管」、「暗管」有什麼不一樣？

設置水電管線的建築工法可分成「明管」與「暗管」，「明管」是指管線大多沿牆或梁柱設置，能馬上察覺管線問題，修繕方便且成本較低。「暗管」是指將管線埋入牆壁或梁柱內，外表較美觀，但不易察覺管線問題，修繕時需敲掉牆面，技術上較困難，成本也較高。

掌握不同空間的看屋重點

　　購屋者應事先了解，房屋內部不同空間中都有些該注意、提防的重點。在短短有限的看房時間中，購屋者可直接確認各空間中最可能出問題的重點，若有餘力，再一步步的細心確認。

後陽台

重點 1 曬衣、洗衣空間大小足夠，並留有足夠的電源

重點 2 管線有無鏽蝕、劣化等情況。熱水器是否按規定設置於屋外

浴廁

重點 1 有無對外窗或抽風設備，插座位置夠不夠高，過低容易漏電

重點 2 排水或出水跟馬桶的功能是否良好，各處有無水霉痕跡

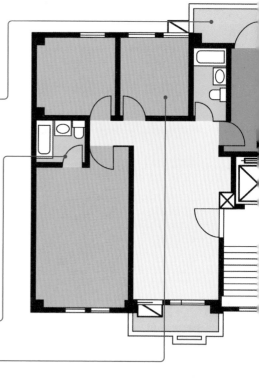

臥室

重點 1 有效隔音跟隔光，避免影響睡眠

重點 2 房間有無粗梁橫跨，讓人心生壓力

Info 面對投資客的裝潢屋，如何確認有無瑕疵？

面對投資客轉賣的裝潢屋，購屋者需更小心檢查房屋，還可以向樓上、樓下的住戶打聽他們家有無漏水、壁癌或底板傾斜等情況。並詳細確認屋主裝潢時所使用的建材種類，或請信得過的水電師傅陪同一起看屋。

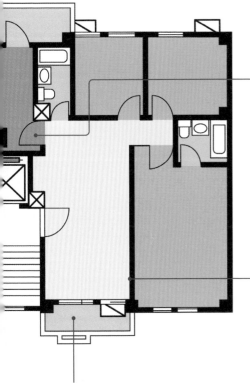

廚房

重點1 排煙管是否暢通，應避免直接朝後陽台曬衣處排煙

重點2 排水或出水功能是否良好，接縫處有無漏水、鏽蝕痕跡

牆壁、地板

重點1 有無水漬或浮凸痕跡，若有，則可能有壁癌跟漏水

重點2 地板是否水平無傾斜，亦無任何龜裂痕跡

前陽台

重點1 比對不動產說明書及建測圖，查看是否曾二次施工外推

重點2 有無排水孔或淹水痕跡。管委會是否允許為了安全考量施做鐵窗或隱形鐵窗

屋外狀況

　　整棟建築物安不安全，維修保持的情況如何，單單從從房屋內部不見得能看得清楚，有時反倒從房子外面卻一覽無遺，包括外牆有無龜裂、變色，或重要的消防、逃生設備年久失修等。對可能有的種種屋外狀況，看房時都必須多加留意。

建築外觀
好的建築物外觀，除了能符合購屋者喜好與品味，增加認同感外，也具有實際效用。
①適度的雨遮可以減少外牆因大雨滲水的可能。
②整體陽台、凹窗、外牆設計；如果形成的凹凸面愈多，也能有效協助建築物隔熱。

安全設施
屋外的安全設施常是大多看屋者容易忽略的一環，應該多四處走動確認該社區大致安全無虞。

①試搭電梯上下，試著爬個幾層樓梯，看看逃生管道是否暢通。
②建築死角有無裝置監視器。

根據四大重點檢查屋外狀況

　　屋外狀況主要可分成「大門管理」、「安全設施」、「外牆維護」與「建築外觀」等四項。其需留意的面向都不同，看屋時，須一一確認這幾個重點都沒有問題，避免漏看。

外牆

有時屋內漏水，可能是外牆防水沒做好，管線或泥水施工不佳、雨遮寬度不足等問題。看屋時，須留心建築外牆的維護狀況，如果出現白色痕跡、瓷磚脫落、苔蘚髒汙等現象。都可能是管委會疏於管理，或是建物容易漏水的跡象。

大門管理

在意風水的看屋者要特別留心建物大門有無「路沖」等風水瑕疵。此外，看屋者同樣須留意該社區或該棟建築物的大門管理是否嚴謹。若大門出入管理不良，較容易發生安全問題。

屋外狀況面面觀

1. 棟距多少才算夠？

棟距愈開闊，採光、通風、隱私保障愈好。相對的，當棟距太近，除建築物間的風壓較大，視野不夠開闊、有壓迫感，生活上也容易跟鄰居相互干擾，妨害個人隱私。

棟距＝樓高 ➔	採光與隱私都足夠。
8 公尺 < 棟距 < 樓高 ➔	棟距足夠，影響低樓層採光，但不影響彼此隱私。
6 公尺 < 棟距 <8 公尺 ➔	一般棟距，影響中、低樓層採光，對隱私稍有影響。
棟距 <6 公尺 ➔	棟距不足，嚴重影響採光與各家住戶隱私。

2. 社區中庭該開放還是該封閉？

中庭會因為建商的設計概念或為爭取容積獎勵而分成「封閉式中庭」、「開放式中庭」。前者會有圍欄圍住中庭，禁止住戶以外的人通行、進入，後者則是將中庭開放為公眾使用，允許非住戶進入通行。

	開放式中庭　VS.	封閉式中庭
優點	對都市計畫較有利 方便消防車通行	可獨享中庭美景 降低潛在安全問題
風險	出入人口較雜	消防車進入不便
性質	建商可能有容積獎勵，依規定必須開放	若建商未以此申請容積獎勵，管委會可自行決定是否開放

看屋況 **2** **看預售屋應注意的重點**

為提高看屋者的購買意願，樣品屋無不裝潢得美輪美奐，看屋者容易因此忽略天花板上可能有粗大的橫梁，或樣品屋是模擬建案中空間格局最好的幾間，與看屋者打算購買的房型根本不同。看屋者應學會比對平面資料跟藍曬圖等，以及攜帶測量工具，仔細看懂樣品屋。

☞ **看屋重點**

1. 挑高、牆壁厚薄、空間大小等比例是否正確 ➡ 參考：藍曬圖
2. 格局是否良好方正，動線是否舒適 ➡ 參考：樓層平面圖
3. 棟距是否足夠、採光是否明亮
   ➡ 參考：全區鳥瞰圖、現場模型、空照圖
4. 家具是否有足夠配置空間、屋內是否有橫梁
   ➡ 參考：藍曬圖、家具配置示意圖

看成屋的很多細節跟訣竅，如中庭規劃、選擇樓層等，同樣可以運用在挑選預售屋上。

看預售屋前該準備什麼？

按照規定，預售屋銷售中心所提供的DM、廣告、銷售說明書、各類示意圖，以及樣品屋等均屬於預售屋契約的一部分。看屋者出發看屋前，應事先對建商風評有所了解。現在智慧型手機相機功能完善，也可下載智能捲尺、指南針、測距儀等APP，現場拍攝及實地測量尺寸非常方便。

平面圖表
比對藍曬圖、樓層平面圖，看格局方位是否皆與樣品屋相符。

捲尺
實地測量樣品屋的牆壁厚度、房間大小、樣品家具尺寸等。

相機
拍攝樣品屋內房屋狀況，梁柱、管線位置，廚房、衛浴等設備位置。

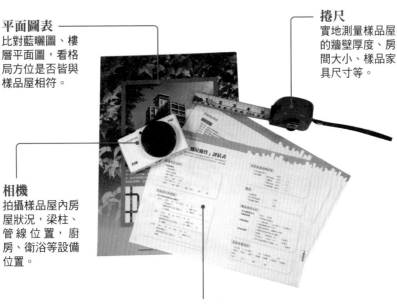

購屋評估表、看屋評估表（參見 P.50、P128）
紀錄各種狀況與房屋資訊，以利事後比較。

正確看懂樣品屋的三步驟

樣品屋的坐向、大小、房型都不見得等於你想購買的房型。購屋者必須拿樣品屋為基礎，逐步反推出想購買房型的正確樣貌是不是你心中理想的房子。

Step 1 破解裝潢魔法，確認房屋的各項尺寸

樣品屋為了避免壓迫感，會在裝潢上用足功夫，讓看屋者誤以為買下房子依樣畫葫蘆後，室內空間一樣開闊。看屋新手必須學會破解樣品屋的空間魔法，一一重新丈量、核對樣品屋內的空間與家具尺寸。

樣品屋的裝潢魔法 1

利用鏡子增加空間感

很多樣品屋常陳設大面鏡子，讓看屋者產生空間放大的錯覺。

看屋者破解法

比對藍曬圖，重新計算尺寸

客廳安放鏡子後，已不容易直接感受空間大小。不如重新丈量尺寸。

樣品屋的裝潢魔法 2

縮小家具尺寸與牆壁厚度

同樣的空間中，若縮減家具尺寸與牆壁厚薄，或將占空間的衣櫃內縮到牆壁中，空間自然顯得較大。購屋者要到交屋，才發現實際空間比預想得要小。

看屋者破解法

比對正常尺寸，看看差多少

看屋者若能對一般家具、牆壁的尺寸有概念。現場丈量時自然可知樣品屋與實際狀況差多少。

樣品屋的裝潢魔法 3

遮蔽梁柱，減低壓迫感

粗大的橫梁常會使居住者感受到壓迫感與心理壓力。部分樣品屋會刻意不設梁柱，或用包梁等裝潢手法，讓看屋者感受不到梁柱的存在。

看屋者破解法

比對平面圖，確認梁柱位置

房屋不會沒有梁柱，看預售屋可比對樓層平面圖與藍圖，確認梁柱位置。若沒看到或是已經被裝潢遮掩，應向銷售人員追問梁柱大小與實際位置。

出發看房子，鎖定適合物件

Step 2 比對中意的房型與樣品屋的差距

樣品屋與你中意的房型往往不見得相同。若看樣品屋前，已確認好有興趣房型中各空間的實際尺寸。可比較中意房型與樣品屋之間的差距。看看這樣的差距你是否可以接受。

長寬變窄了　扣除因裝潢縮小、牆壁變薄等所縮減的空間大小。實際空間的長寬比多會變窄。或留心是否中意房型其實比樣品屋的長寬尺寸都要小一些。

位置變差了　到現場時，不妨利用指南針或手機測量一下樣品屋的坐向，再比照全區配置圖與樓層平面圖，就可得知中意房型的條件是否比樣品屋差。

Step 3 重新模擬實際房屋狀況

實地訪查過樣品屋後，可將中意房屋的實際大小，配合家具可能所占的空間，重新模擬實際房屋狀況。除單純利用紙筆，畫在樓層平面圖上外，也可運用如SketchUp、Sweet Home 3D、Planner 5D、Autodesk Homestyler、IKEA Home Planner Tools 等免費室內設計軟體，製作3D立體圖或2D平面圖，精準掌控房屋狀況。

Info 樓高不等於淨高

樓高是從室內地板算起到上層樓地板面的高度，樓板厚度一般約 0.3 公尺。當樓高為 3.2 公尺時，其室內淨高即為 3.2 公尺－ 0.3 公尺＝ 2.9 公尺。

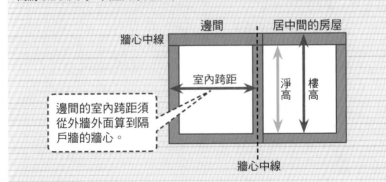

如何挑選好樓層？

愈是人口密集的都市中，透天厝型的住宅較少，多半是公寓或電梯大樓，而各樓層的優缺點也有所不同。可依照房屋所面向的空間選擇，或是依照房屋類型做選擇。

依照房屋類別選樓層

電梯大樓與無電梯公寓在選擇樓層的訣竅不盡相同。電梯大樓主要著眼於景觀和採光，無電梯公寓則首重上下走動時方不方便。

房屋種類 **1** 無電梯公寓怎麼選？

此類房屋通常屋齡老舊，高度不超過五層樓，由於只能靠爬樓梯上下，樓層愈高，對住戶的負擔愈重，樓層愈低，出入往來愈方便。因為樓層數少，各樓層的優缺點也分別較明顯。

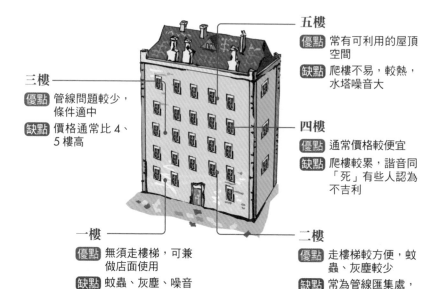

五樓
優點 常有可利用的屋頂空間
缺點 爬樓不易，較熱，水塔噪音大

三樓
優點 管線問題較少，條件適中
缺點 價格通常比 4、5 樓高

四樓
優點 通常價格較便宜
缺點 爬樓較累，諧音同「死」有些人認為不吉利

一樓
優點 無須走樓梯，可兼做店面使用
缺點 蚊蟲、灰塵、噪音較多，採光較差

二樓
優點 走樓梯較方便，蚊蟲、灰塵較少
缺點 常為管線匯集處，管線問題較多

房屋種類 **2** 選擇電梯大樓的注意事項

　　現今新蓋的電梯大樓通常樓層數較多，距離一兩層樓之間的環境好壞並沒有什麼差別，而須從高樓層、中樓層、低樓層來分析優缺點，再根據個人喜好或房屋面向來選擇。

高樓層

優點　可眺望遠景，採光、通風較好、保值性與隱密性都較高

缺點　消防不易，較熱、停電時很麻煩，價格通常較貴

中樓層

優點　蚊蟲、噪音較少，各項條件適中

缺點　不見得有景觀、中繼水箱常設置在中樓層，選擇較少

低樓層

優點　出入方便，較無消防問題、價格較便宜

缺點　採光、通風較差，噪音、灰塵較多，除一樓店面外保值性較低

Info 避開中繼水箱的上下樓層

高度超過 50 公尺的大樓，須依法設置中繼水箱儲備消防或民生用水。其所在的上下樓層可能因此較潮溼、有震動感或有噪音。會介意的購屋者可事先詢問避開。

依照房屋面向選樓層

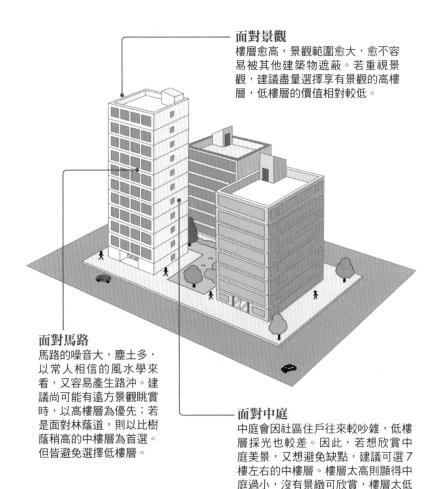

面對景觀
樓層愈高，景觀範圍愈大，愈不容易被其他建築物遮蔽。若重視景觀，建議盡量選擇享有景觀的高樓層，低樓層的價值相對較低。

面對馬路
馬路的噪音大，塵土多，以常人相信的風水學來看，又容易產生路沖。建議尚可能有遠方景觀眺賞時，以高樓層為優先；若是面對林蔭道，則以比樹蔭稍高的中樓層為首選。但皆避免選擇低樓層。

面對中庭
中庭會因社區住戶往來較吵雜，低樓層採光也較差。因此，若想欣賞中庭美景，又想避免缺點，建議可選7樓左右的中樓層。樓層太高則顯得中庭過小，沒有景緻可欣賞，樓層太低則噪音較高，採光也較差。

不動產說明書　預售屋資料　房屋狀況　樣品屋　樓層　周遭環境　停車位　違建　土地謄本　建物謄本　看屋清單

盤查周遭環境

買房子不只是買房屋本身，也是買周遭的整體環境。當打算做為營業用途，就要留意周圍何時會人來人往，能不能匯聚買氣。如果計畫自住，也要留意附近是否有值得加分的環境條件，或是足以扣分的嫌惡設施。

良好的居住環境條件有哪些？

乾淨整潔的市場
雜亂的傳統市場容易有異味與蚊蟲。最好附近能有管理完善、衛生的傳統市場，或方便、選擇眾多的大型超市。

方正整齊的街廓
人、車都活動方便，視覺也美觀開闊，通常位於都市計畫良好的地區。

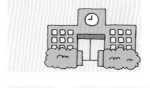

管理良好的公園或綠地
好的公園或綠地是在人口稠密的都市中，提供人們一片綠地休閒遊憩，因此彌足珍貴。

房屋位在間距八公尺以上的活巷中
當巷道間距達八公尺以上時，車輛較方便會車往來，偶而臨停在門口也較不會阻礙其他車輛通行。

住家周遭環境的嫌惡設施有哪些？

　　嫌惡設施是指周遭環境中有令人不愉快或心存顧慮的設施，其影響會隨距離遠近、房屋是否正對而有差別。一般來說，離嫌惡設施愈近，或是在家中就能直接看到時，對房價的影響愈深。

墓地、殯儀館
除了視覺觀感不好，周遭住戶可能因此不安外，不定時送葬或祭拜儀式，也可能會影響居家安寧。

焚化爐、汙水處理廠、垃圾掩埋場
這些雖是現代都市的必要之惡，但不是一般人所能接受，房子的價值也會因此下降。

高壓電塔、基地台
雖然電磁波尚未證實對人體的影響，但若購屋者心中有芥蒂，當然能避則避。

位在死巷或巷道過窄
死巷只有單邊出口，火警發生時，死巷盡頭的住戶將逃生不易。若附近住戶違法占用，使巷道窄於一般防火巷，就會形成消防死角。

管理不善的公園與閒置空地
當公園管理不善，附近居民也較不願意在此休閒，就容易形成治安死角，或是增加意外發生的機率。

Info 應留意房屋是否鄰近順向坡或斷層帶

台灣的山坡地跟斷層帶眾多，很多房屋都鄰近山坡，看屋者可事先到中央地質調查所網站查詢該地是否位處在順向坡上。

弄懂公共設施

這些年蓋的住宅大多會包含公共設施。購屋時，也必須付費購買這些公共設施。因此，購屋者必須了解該社區有哪些公共設施，符不符合需求，以及目前維護狀況，避免花大錢買來無用的公設。

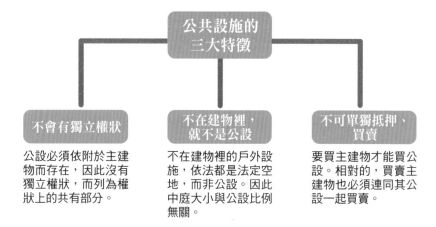

公共設施的三大特徵

不會有獨立權狀

公設必須依附於主建物而存在，因此沒有獨立權狀，而列為權狀上的共有部分。

不在建物裡，就不是公設

不在建物裡的戶外設施，依法都是法定空地，而非公設。因此中庭大小與公設比例無關。

不可單獨抵押、買賣

要買主建物才能買公設。相對的，買賣主建物也必須連同其公設一起買賣。

「大公」、「小公」到底是什麼？

公共設施可分兩種，一種是供所有社區住戶使用與分攤的「大公」；以及主要由特定樓層住戶使用與分擔的「小公」。但權狀上兩者並無區分，只會登記總計有多少。因此，購屋者都需向建商或仲介確認其分別大小。

一般大公項目	社區門廳、管理員室、機電室、地下室、健身房、交誼廳、閱覽室等供全體住戶使用的空間。
一般小公項目	該層樓梯間、走道、電梯間等，儘管同屬一個建案，但各樓層的房型或規畫不同，各樓層的小公大小也會有差別。

公設比多少才合理？

　　對於喜愛休閒消遣的人來說，只要能滿足需求，不會介意公設比稍高一些。但對精打細算，希望每分錢都花在自家屋內的購屋者來說，公設比則愈低愈好。此外，根據所屬的房屋類型，各自公設比區間也有差異。看屋者可以藉此為基準，考慮房屋的公設比對自己來說會不會太高。

公共設施占比計算公式
公設比＝公共設施 ÷（主建物＋附屬建物＋公共設施）

即權狀的建物坪數

不同房屋類型的公設比

無電梯公寓　→　約為 0% ～ 10%，超過的機會不大。

有些屋齡較舊的房子，會因過去法規將走道、樓梯等設施併入主建物面積中。

中古華廈　→　約在 12%～ 20% 間。

以套房為主的電梯大樓，會因主建物坪數較小、走道較多，而拉高公設比。甚至高達 40% ～ 50% 以上，未來轉手的難度也因此較高。

社區電梯大樓　→　約在 30% 上下，若較多休憩設施，則可能到 35% 以上。

看鄰居──千金買屋，萬金買鄰

光是房子看起來物有所值還不夠，如果住進去才發現周遭鄰居「歹鬥陣」，或社區管理不善，天天紛擾不斷，甚至鄰近居民素質不佳，人情習慣格格不入，生活也會平增無限煩惱。因此，看屋時，不只要看房屋好壞，也要一併留心社區管理與鄰里素質。

社區布告欄

管理費繳交情形

優質社區
1. 公開收支明細。
2. 住戶繳交狀況良好，較不擔心管理經費不足等困擾。

地雷社區
1. 收支狀況不明。
2. 很多住戶缺繳管理費，社區維護易產生困難。

管委會公告內容

優質社區
會議紀錄公開透明，決議合理，看不出有內部紛爭，代表管理上軌道，社區事務的維護較易讓人放心。

地雷社區
1. 未公開會議記錄，或顯見管委會有內部紛爭，社區可能管理不善。
2. 公告多為勸導住戶遵守生活規範，顯示住戶品質有待加強。

社區規約具有一定法律效力，管委會有權要求不遵守規約的住戶照章改善，甚至可要求主管機關介入處理。

觀察社區狀況

社區型住宅會設置管理委員會（簡稱管委會），由社區所有權人推派代表來管理社區內的公眾事務，舉凡公共設施或中庭維護、該不該聘請保全人員都會由管委會合議決定。好的管委會能提升整體住戶的居住品質，甚至有助提升房價。壞的管委會則可能任由環境敗壞，住戶間紛爭不斷，反倒讓有意願的購屋者望之卻步。

管委會規約

優質社區
管委會規約清楚合理，可確保居住與環境品質。

地雷社區
規約不合情理，或不符需求，若難以遵守規約，建議放棄為上，以免多惹糾紛。

社區活動

優質社區
社區活動反應良好，常代表住民感情融洽，但因活動常會消耗不少管理經費，要注意自己是否真的有空參加。

地雷社區
活動反應不佳，或不合己意，可能代表住戶感情淡薄，或社區風格與己不合。

公共設施維修狀況

優質社區
電梯、中庭、健身室、走道、樓梯間等設施或空間，有定期維修、管理，顯示管理費有發揮效益，管委會運作良好。

地雷社區
走道堆滿雜物、電梯老舊、花草樹木久未整理，表示管委會運作不良，管理經費不足或未能發揮效益。

不動產說明書　預售屋資料　房屋狀況　樣品屋　樓層　周遭環境　停車位　違建　土地謄本　建物謄本　看屋清單

觀察周遭居民素質

周遭鄰里居民雖不見得會常常碰面，但其整體素質卻是影響附近環境是否乾淨、安寧與治安優劣等最重要的因素。特別是若家中有需要自行上下學的孩子，就更需考慮周遭鄰里是否合宜，看屋者可分別在白天、夜間，觀察自己與附近居民的生活作息是否相近。

☞ **白天觀察重點**

☐ 看看周遭鄰里守望相助的情形。當此地以上班族占絕大多數，就要特別留意宵小趁白天闖空門。

☐ 逛逛市場、小吃攤跟學校。多去一些在地人才會去的地方，藉此觀察是否滿意此處的風土人情與就學環境。

☞ **晚上觀察重點**

☐ 看看社區居民什麼時候回家，該社區的實際入住率高不高。入住率較高的社區也較安全。

☐ 看看入夜後的環境是否吵雜，附近是否有不良分子聚集或在附近飆車。

怎樣選購停車位才對？

若你是屬於「有車階級」，挑房子時就得一併考慮停車問題，或是房屋必須搭配車位出售，讓人煩惱該不該連帶購買車位。即便決定打算購買車位，也難免被停車位的種類、權利限制眾多細節搞到頭暈腦脹。看屋者，在考量要不要購買停車位時，必須一併詳細弄懂相關細節。

我該購買停車位嗎？

考慮購買停車位時，可從「自身需求」、「經濟狀況」、「停車位本身條件」等角度考量，當購買動機愈多，則愈可考慮。相反地，若根本不需要或是能力不足，當然還是不要強買。

買車位
- □現在有車，或有購車打算
- □資金有餘裕
- □鄰近停車位一位難求
- □停車位置非常好

不買車位
- □現在沒車，或無購車打算
- □資金有限
- □鄰近停車位供過於求
- □停車位置不佳

買停車位前先搞懂停車位

停車位的分類方式大致有兩種，一是依照停車位本身的權利條件區分，另外則是依照停車類型區分。從這兩種分類方式來看停車位，購屋者可清楚知道所見停車位的各種優缺點了。

1. 依權利限制區分停車位

依停車位所擁有的權利不同，可簡單分為依建築法設置的「法定停車空間」與建商另行增設的「非法定停車空間」。前者只能在社區內所有權人間相互買賣，後者則能獨立交易不受限於只能在社區間內流通。看屋者承購停車位前，一定要先向賣方詢問清楚停車位的類型以免與預期不符。

停車位類型		車位取得方式	土地權利	交易範圍
法定停車空間		以「約定專用」買賣或定時抽籤	屬於公共設施的一部分	只能在房屋所有權人手上流通，不能轉讓給非社區住戶。
非法定停車空間	增設停車位	買賣	不屬公共設施	若停車空間有獨立地、建號，購買者持有獨立權狀，買賣範圍不受限制。
	獎勵停車位		不屬公共設施，但須供公眾使用	

即便是有獨立產權與權狀的非法定停車位，但其能否出租或出售給非社區所有權人，仍須受到社區規約的規範。

2. 依車位類型區分停車位

「平面車位」、「機械車位」都是常見的車位類型，但因為兩者的方便程度大不相同，價格往往也相去甚遠。購屋者在考慮購買車位前，必須先弄清楚這幾種車位的優缺點，再決定是否真的要下手購買。

停車場出入方式	車位出入方式	說明	便利性	價格
坡道	平面	最方便的停車位，可直接從坡道進入停車場，開入平面車位停放。	優	高
坡道	機械	從坡道進入停車場，開到上下升降的車位後，再操作機械到停放的位置。		
機械	平面	需從升降梯進入停車場，再開入地面車位停放。		
機械	機械	最差的停車位，從升降梯進入停車場後，再操作機械停車。大量增加排隊時間與擦撞風險。	劣	低

Info 選擇機械車位時需考量車輛高度

由於機械車位是採靠升降梯或輸送帶等機械方式搬移停放車輛，車子的高度或大小常會因此受限。若購屋者是駕駛休旅車等較高大的車輛，往往會不適用於機械車位，只能夠選擇平面車位或少數的機械車位。

停車位怎麼挑、怎麼選？

好的停車位有時比好的房屋還難選，不同樓層與位置都各自有優缺點，有時還得看車主的開車習慣來決定。最好的車位挑選方法，當然是開車前往現場試停，但若不方便開車試停，或是預售屋還沒蓋好，還是可借助下列規則選擇車位。

1. 依停車樓層選擇

一般住宅的地下停車場最多約三層，各樓層的價格不一，愈靠近地面者的樓層價格愈高，愈低的樓層價格則愈便宜。

地下一樓

優 鄰近出口，出入較方便，萬一淹水時，車子也較能快速離開。

劣 價格遠高過其他樓層，若社區商場的車子或住戶的機車會從這裡進出，則提高車子碰撞擦傷的機率。

地下二樓

優 價格、條件居中，外來車輛或是住戶機車較少。

劣 出入需等待，通風不會太好。

地下三樓

優 價格最便宜，適合預算有限的人。

劣 出入不易，需多次爬坡迴轉，淹水時車輛容易受困，通風往往很差，有時會受底下的化糞池影響而產生異味。

2. 依停車位置區分

A→好車位
同時符合鄰近電梯、停車位置方便且有餘裕等優點,是相當好的車位選擇。

B→壞車位
緊臨實體牆與車輛出入坡道。

C、D→普通車位
夾在兩台車之間。同時具缺點與優點,車主可視情況選擇。

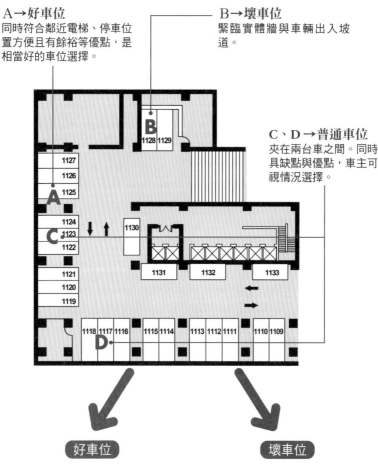

好車位

1. 靠近電梯出口,節省力氣與時間。
2. 旁邊沒有其他車位,且有多餘空間,方便停車時迴轉。
3. 進車與倒車都很方便,很少需與其他車爭道、會車。

壞車位

1. 離車輛出入坡道太近,除容易遭其他車擦撞,起步就需催油爬坡也較傷車子
2. 車邊一側緊鄰牆壁,上下車均會有不便
3. 進車或倒車時的視線易有死角,或路線不順

不動產說明書　預售屋資料　房屋狀況　樣品屋　樓層　周遭環境　停車位　違建　土地謄本　建物謄本　看屋清單

117

小心違建惹麻煩

蓋房子可不是想蓋就蓋，必須要先報請主管機關同意後才能施工，只要沒有得到主管機關同意就自行搭建，都屬於「違章建築」。這些違建雖然賺得不少使用空間，卻也帶來可能吃官司或傷害房屋結構等麻煩。

違建大多可分哪幾種？

違建可依建造地點與施工方式有別，大略分成「違規增建」、「二次施工」兩種。最常見的類型有在不完全屬於自己的頂樓或露台增設違建，或是在自家屋內將陽台外推、暗設夾層等。

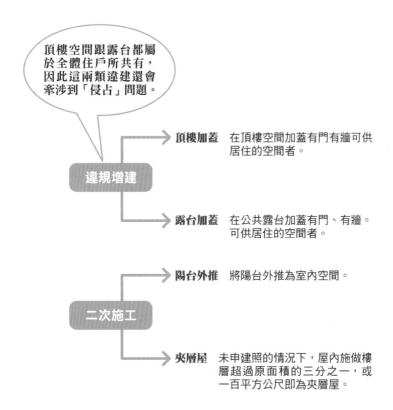

頂樓空間跟露台都屬於全體住戶所共有，因此這兩類違建還會牽涉到「侵占」問題。

違規增建

> **頂樓加蓋**　在頂樓空間加蓋有門有牆可供居住的空間者。

> **露台加蓋**　在公共露台加蓋有門、有牆。可供居住的空間者。

二次施工

> **陽台外推**　將陽台外推為室內空間。

> **夾層屋**　未申建照的情況下，屋內施做樓層超過原面積的三分之一，或一百平方公尺即為夾層屋。

違建狀況 **1** 頂樓、露台加蓋

頂樓常被視為歸頂樓住戶使用，社區中也常有約定給某戶專用的露台，但兩者的所有權其實都還是屬於全體住戶，不能隨意加蓋。在購買附有露台或頂樓建物的屋子時，更需弄清楚這兩種違建可能帶來的問題。

☞ 合法加蓋

1. 頂樓平台可因防漏水、防曬等需求，在頂樓施作四面通風，無遮蔽物高度小於 1.5 公尺的雨棚。
2. 想在頂頭平台跟露台施工前，必須先獲得一定比例的所有權人同意，且需符合消防法規。

☞ 非法加蓋

3. 只要不符合消防法規、未向相關主管機關報請同意，以及獲一定比例所有權人同意搭建的建物、棚架等都屬於違建。
4. 在民國 84 年以前就已存在的違建，目前暫列為緩拆，但不代表合法。一旦有人檢舉，照樣會被勒令拆除。

購買頂樓加蓋划算嗎？

附有頂樓加蓋的房屋通常價格較高，加蓋建物的每坪單價約為正常價的三分之一到四分之一。簽約時再以贈送的名義將頂樓建物移轉給買方。但萬一出了問題，或是樓下住戶早想檢舉已久，這些拆除、訴訟的損失大多還是由買方負擔。相較於承擔的風險，頂樓加蓋不見得划算。

違建狀況 2 陽台外推

有些人為了增加室內使用空間，會將原本區隔房屋內外的外牆打掉，將陽台或露台施工圍起來，成為室內空間的一部分。一旦這樣做，不只容易影響到全棟房屋的結構安全、外牆變得容易滲水，同時也是違法的二次施工，一旦遭檢舉就必須拆除，到時得不償失。

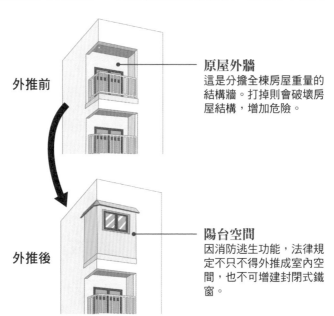

外推前

原屋外牆
這是分擔全棟房屋重量的結構牆。打掉則會破壞房屋結構，增加危險。

外推後

陽台空間
因消防逃生功能，法律規定不只不得外推成室內空間，也不可增建封閉式鐵窗。

從外觀看	若同棟住宅的其他戶外觀有陽台。但所看的房屋沒有陽台，則該房屋多半是採陽台外推。
從屋內看	房屋有空間不自然的向外凸出。或外牆有明顯施工痕跡、或保留原本陽台的部分形式。
從建物測量成果圖看	該建物的建物測量成果圖會標示出原來陽台的位置與大小。是最準確的對照依據。

違建狀況**3** 夾層屋

　　部分建商為了吸引年輕但資金不足的客群，會在天花板與地板中間隔出夾層，增加使用面積。但建商或賣方若未得到主管機關同意施工，就會被視為「違建」，有被報拆的風險。看屋者事先應打聽清楚。

常見的兩種夾層屋

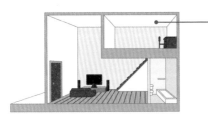

一般夾層屋
1. 合法的夾層空間會登記在建物權狀或謄本上。
2. 夾層挑高通常只有 1 公尺到 1.5 公尺左右。一般成人甚至無法直立，壓迫感大，通常只能做為儲藏室或臥室。久住起來並不舒服。

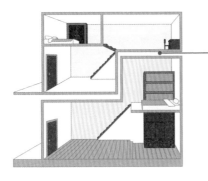

複層式夾層屋
1. 目前住宅挑高限高 4.2 公尺，平均高度限高 3.6 公尺。有的建商會讓屋子呈現高低落差，以爭取夾層空間。
2. 複層式建築的夾層只能做在 4.2 公尺的那部分，壓迫感會稍微減緩一點。

如何判斷夾層屋是否合法？

　　夾層屋不是全部都屬於違建，有兩個簡單小技巧，可以迅速分辨合法裝潢、夾層或非法違建。

從面積看　當夾層施做空間小於該屋樓地板面積的三分之一，且小於 100 平方公尺，就是合法的裝潢。

從建物謄本看　該建物的建物謄本會標示建物坪數。若有登入建坪就是合法，沒有就是違建。

房屋資料再確認——產權調查

當購屋者終於看到中意的房子時，打算出價交易前，要先做好產權調查，確認房屋相關的各項權利合法無虞，才不會到簽約時才發現問題，因而損失時間或金錢。

產權調查的範圍

產權調查主要是要確認，賣方對該房地產是否真的具有合法以及完整的所有權與使用權。調查範圍會包括土地與建物的各類相關地政謄本，若房屋已經出租給別人，則還需確認賣方與房客的租賃契約條件。

主要的地政謄本有哪些？

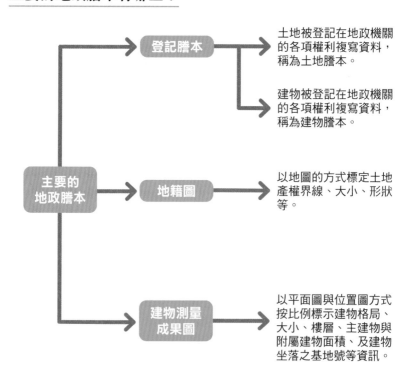

主要的地政謄本

- 登記謄本
  - 土地被登記在地政機關的各項權利複寫資料，稱為土地謄本。
  - 建物被登記在地政機關的各項權利複寫資料，稱為建物謄本。
- 地籍圖
  - 以地圖的方式標定土地產權界線、大小、形狀等。
- 建物測量成果圖
  - 以平面圖與位置圖方式按比例標示建物格局、大小、樓層、主建物與附屬建物面積、及建物坐落之基地號等資訊。

產權調查的流程

Step 1 整理目前既有的產權資料

確認重點➡ 1. 賣方的姓,是否與謄本上的姓相同

2. 房屋本身是否具有完全的土地+建物的權利,有沒有其他共有人或限制登記

Step 2 申請產權資料

申請方式➡ 1. 攜帶身分證件到當地的地政事務所或地政工作站

2. 以中華電信帳號或自然人憑證,在線上的「全國地政電子謄本系統」申請

Step 3 比對產權資料是否相同

比對重點➡ 1. 比對謄本的所有權人的姓是否與賣方相同

2. 比對謄本的建號、地號、地址及建物圖是否與現場相同

3. 比對租賃契約是否與詢問該屋房客的結果相同

4. 確認是否無查封、信託或限制登記

Step 4 調查結果

產權資料無誤 ➡ 可放心考慮是否要議價購屋。

產權資料有誤 ➡ 產權狀況可能比預想複雜,考慮是否放棄另覓他屋。

Info 自住客必須留意的「買賣不破租賃原則」

為保障租房者的權利,法律規定「買賣不破租賃」,若賣方已經和房客訂有租約,房客得享有該棟房屋的使用權。買方在購屋時,也必須承繼這項租約,而無法在租約到期前任意使用房屋。

惟「買賣不破租賃」並不是對所有租約都有所保護,以下情形即不適用「買賣不破租賃」規定,房東雖出售租賃房屋,買受人有權終止原租賃契約:

1. 未經公證的不定期租約。

2. 五年以上未經公證的定期租約。

看懂土地登記謄本

土地登記謄本主要可分為記錄土地用途、位置、地面上有何建物的基本資料的「土地標示部」，登載土地所有權人的「土地所有權部」與說明除了所有權人以外，還有誰也對這塊土地享有權利的「土地他項權利部」，而這正是要確認向賣方購置這筆地產是否安全的三大關鍵。

```
土地登記第二類謄本(所有權個人全部)
     永和區民族段1100-2222地號
列印時間：民國104年03月02日08時00分              頁次：000001
永和地政事務所     主任：魏健銘        本案係依照分層負責規定授權承辦人員核發
永和整謄字第000113號                                 列印人員：
資料管轄機關：新北市永和地政事務所      謄本核發機關：新北市永和地政事務所
```

☞ 檢查重點

1. 土地謄本會隨土地權利的變動而有所改變。因此，土地謄本的日期愈接近查驗的時間愈好。

```
**********************   土地標示部   ********************
登記日期：民國094年05月03日                    登記原因：合併
面   積：*****2,437.25平方公尺
使用分區：（空白）                     使用地類別：（空白）
民國104年01月     公告土地現值：***142,278元／平方公尺
地上建物建號：共119棟
其他登記事項：重測前：前埔段 3 2－1 地號
```

☞ 檢查重點

1. 此標示這塊土地的面積、登記日期、土地公告現值等。

2. 若土地為都市用地，則「使用分區」一概登記為空白。若想確認其使用分區必須另行到各縣市使用分區系統查詢。

3. 確認其他登記事項上沒有特殊說明或限制。

```
********************  土地所有權部  ********************
（0001）登記次序：0157
登記日期：民國100年11月29日                    登記原因：買賣
原因發生日期：民國100年11月08日
所有權人：陳＊＊
　統一編號：E121＊＊＊＊3
　住　　址：新北市永和區福德里２４鄰仁愛路５００號１樓
權利範圍：＊＊＊1000000分之10364＊＊＊＊＊
權狀字號：100北板地字第123450號
當期申報地價：102年01月　＊＊＊＊19,790.0元/平方公尺
```

☞ 檢查重點

1. 請務必注意土地謄本登記的所有權人的姓是否與賣方的姓相符。
   但以一般集合式住宅來說，賣方並不會擁有該地號全部的土地所
   有權，而會出現持有該地號的幾分之幾。

2. 從「登記日期」與「登記原因」可看出該土地所有權人是如何得
   到這間屋子的，若是透過買賣取得，而交易時間又距離看屋時間
   很近，則很有可能是投資客的屋子。

```
********************  土地他項權利部  ********************
（0001）登記次序：0150-000                權利種類：最高限額抵押權
收件年期：民國100年                        字　　號：板登字第11111號
登記日期：民國100年11月29日                登記原因：設定
權　利　人：台灣信託商業銀行股份有限公司
　統一編號：3077208
　住　　址：台北市大安區松江路３號地下室一樓及一至八樓、十二至十四樓、十六至十八樓、
　　　　　　二十至二十二樓
債權額比例：全部＊＊＊1分之1＊＊＊
擔保債權總金額：新臺幣＊＊＊＊＊＊ 25,210,000元正
擔保債權種類及範圍：擔保債務人對抵押權人現在〈包括過去所負現在尚未清償〉及將來在本抵
　　　　　　　　　　押權設定契約書所定最高限額內所負之債務，包括借款及透支。
擔保債權確定期日：民國１３０年11月２４日
```

☞ 檢查重點

當房貸尚未繳清，或將房屋抵押在銀行貸款等狀況，使得有其他人也
可享有這筆土地的部分權利，就會出現「他項權利部」。若該筆土地
同時出現多筆抵押權，或是設定義務人與所有權人不符，都可能顯示
此土地的產權狀況較有問題。

Info 三類土地登記謄本及所載資訊

第一類：顯示登記名義人全部登記資料，包含完整姓名、身分證統一編號、出生
日期及住址等個人資料。

第二類：隱匿登記名義人之出生日期、部分姓名、部分身分證統一編號、債務人
及債務額比例、設定義務人及其他依法令規定需隱匿之資料，顯示部分姓名、部
分統一編號、完整住址、無出生年月日。第二類非自然人之姓名及統一編號，不
在此限，為完整顯示。

第三類：隱匿登記名義人之身分證統一編號及出生日期，顯示完整姓名、完整住
址。得由利害關係人、登記名義人、繼承人申請。

註：1. 網路上僅可申請第一類及第二類謄本。2. 有所有權人身分證字號才能申請
第一類謄本。3. 簽約時應提供第一類謄本。

看懂建物登記謄本

　　閱讀建物謄本與土地謄本的方法大致相近。但要特別留心，建物可能同時坐落在多筆不同地號的土地上。要記得比對其與土地謄本所記載地號是否相同。

```
建物登記第二類謄本（建號全部）
芩雅區誠段 01234-000 建號
列印時間：民國 102 年 12 月 23 日 12 時 23 分                    頁次：1
本謄本係網路申領之電子謄本，由 李○隆 自行列印
謄本檢查號：1234567812345678123456781234567812
3456781234，可至：http://land.hinet.net 查驗本謄本之正確性
新興地政事務所　主　任　陳○○
```

☞ 檢查重點

1. 建物謄本同樣會隨建物權利的變動而改變。因此，建物謄本的日期愈接近查驗的時間愈好。

2. 查核賣方提供的建物謄本，可利用手機功能掃描謄本右上方的二維條碼看看是否能連回官方的謄本載點。

```
資料管轄機關：高雄市新興地政事務所      謄本核發機關：高雄市新興地政事務所
***************　建物標示部　***************
登記日期：民國093年02月29日           登記原因：第一次登記
建物門牌：仁義街 234 號 7 樓
建物坐落地號：義誠段 0123-0000
主要用途：住家用
主要建材：鋼筋混凝土造
層　　數：007層                                    總面積：*****56.54平方公尺
層　　次：十層                                    層次面積：*****56.54平方公尺
建築完成日期：民國093年03月03日
附屬建物用途：陽台                                    ******2.01平方公尺
　　　　　　　雨遮
共有部分：意誠段07102-000建號***5,838.8平方公尺
　　　　　　***100000分之261S*******
```

☞ 檢查重點

1. 核對建物面積、公設、主建物與附屬建物面積是否都與賣方所言相符。並從建物主要用途可推知此處房屋稅率。

2. 標示部的「登記原因」可能為新落成的「第一次登記」，或為地籍圖重測、重劃等原因須更新建物資料。

3. 確認其他登記事項上沒有特殊說明或限制。

建物所有權部

(0001) 登記次序：0003
登記日期：民國099年10月23日   登記原因：買賣
原因發生日期：民國099年09月17日
　所有權人：袁芳芳
　住　　址：高雄市苓雅區仁義街234號7樓
　權利範圍：全部 ＊＊＊＊＊＊＊＊＊1分之1＊＊＊＊＊＊＊＊＊
　權狀字號：099新建字第006117號
　相關他項權利登記次序：0003-000
　其他登記事項：（空白）

建物他項權利部

☞ 檢查重點

1. 請務必注意建物謄本的所有權人的姓是否與賣方和土地謄本相符，以及是否擁有該建號的全部所有權。

2. 從「登記日期」與「登記原因」可看出該建物是「第一次登記」的一手屋還是「轉手買賣」的二手屋。同樣的，若登記時間距離看屋時間很近，則很有可能是投資客的屋子。

其他登記事項：（空白）
建物他項權利部

(0001) 登記次序：0003-000   權利種類：最高限額抵押權
收件年期：民國099年   字號：新地字第05130號
登記日期：民國099年09月09日   登記原因：設定
權利人：匯豐（台灣）商業銀行股份有限公司
　住　　址：臺北市信義區基隆路一段567號 八樓
債權額比例：全部 ＊＊＊1分之1＊＊＊
擔保債權總金額：新台幣＊＊＊＊＊＊＊＊＊＊＊＊＊＊＊$5,432,000元正
擔保債權種類及範圍：為債務人對抵押權人現在（包括過去所負現在尚未清償）及將來所負
　　　　　　　　　　支、墊款、保證、信用卡之契約。
　　　　　　　　　　本抵押權設定契約書約定最高限額內之債務，包括借款、票據、透

☞ 檢查重點

1. 從該建物與銀行的「擔保債權金額」可以粗估原屋主的入手價。（參見 P.143）。

2. 同樣要留意該屋的所有權人是否將建物抵押給多間銀行或個人借款。若有，則表示對方的財務狀況複雜，買賣過程間有可能面臨忽然被法拍、查封等麻煩。

Info 一般的「抵押權」與「最高限額抵押權」有什麼不一樣？

一般的「抵押權」：購買者以房屋為擔保品向銀行貸款，銀行會享有貸款者無法償還貸款時、能申請拍賣房屋以償還當初借款的權利，只需還完房貸，就能塗銷抵押權。

最高限額抵押權：同樣以房屋為擔保品，在約定額度內，貸款者能多次向銀行借貸。不過，貸款者必須清償在該間銀行的所有借款，如信貸、車貸等，才可塗銷抵押權。若無法塗銷抵押權，則不能賣屋。

建立自己的看房清單

積極準備購屋時，一天需看三到五間以上的房子都是有可能的。看屋者可事先依準備好「看屋清單」範本，影印幾份備用到時就能迅速摘記或勾選等重要資訊，並進一步製作「屋況檢查表」，記錄該屋屋況的優缺點。

房屋基本資料

地址：_____

看房時間：_____ 年 _____ 月 _____ 日

屋主姓名：_____ 服務人員：_____

房屋用途：_____ 。主要結構為 _____ ，__ 房 __ 廳。屋齡 __ 年。

房屋開價：總價 _____ 萬元，每坪單價 _____ 元

一. 環境方面

☐是 ☐否　距離捷運站近，或有許多路線公車行經，交通方便。
☐是 ☐否　住家附近具有各類商家，符合生活所需。
☐是 ☐否　離醫院不遠，看病方便。
☐是 ☐否　學區尚稱優良，無傳出重大糾紛。
☐是 ☐否　巷弄筆直寬敞，不致有治安死角。
☐是 ☐否　附近「沒有」墓地、加油站、垃圾場等嫌惡設施。

注意事項 有些地方在白天與夜晚的環境氛圍會明顯不同，看屋前後最好能挑在不同時間多走幾趟，才能確切了解附近環境。

二.社區管理、鄰居方面

☐是 ☐否　查閱過住戶規約，認為可接受並符合居住習慣。
☐是 ☐否　觀察過社區公布欄與各樓層、中庭、各公設的管理狀況。
☐是 ☐否　向附近住戶或管理員打聽過周遭鄰居相處情形。
☐是 ☐否　周遭居民的生活習慣符合自身喜好。

注意事項 關於是否曾經發生過各種天災或刑案，可向鄰居、當地警察局或公所查詢。

三.產權方面

□是□否　土地為所有權人持有全部權利，或有分管協議書，持分為 ＿ 分之 ＿＿ 。
□是□否　房屋為所有權人持有全部權利，或有分管協議書，持分為 ＿ 分之 ＿＿ 。
□是□否　土地與房屋的所有權人為同一人，或有合法使用權。
□是□否　出售人與所有權人為同一人，或所有權人的授權書驗證無誤。
□是□否　土地或房屋有限制登記。
□是□否　土地或房屋有設定他項權利。

> **注意事項** 1.確認坐落、面積、所有權人姓名等資料均與登記謄本所標示的內容相符。
> 2.當出售人非所有權人，簽定買賣契約時，應請出售人提示授權書，並應提防無法取得產權及使用權。

四.停車位方面

停車位種類為　□法定停車位　□自行增設停車位　□獎勵停車位。
停車位形式為　□平面式　□機械式　□其他 ＿＿ ＿＿＿＿＿ 。
停車位可停放　長＿公尺、寬＿公尺、高＿公尺車輛。
使用停車位採　□固定位置　□排隊等侯　□定期抽籤承租　□每日先到先停。車位管理費為按□月　□季　□年繳納，新台幣＿＿＿＿＿＿元。
□是□否　停車位產權清楚，位在＿＿＿＿＿＿，編號＿＿＿＿
□是□否　停車位有獨立權狀。編號＿，面積＿平方公尺，權利範圍＿分之＿ 。
□是□否　停車位有分管協議，分管編號＿＿＿＿＿＿ 。
□是□否　上下車方便，位置可接受。
□是□否　機械式停車位操作正常。

> **注意事項** 停車位相關資料，宜向使用人或大樓管理委員會查詢。若有獨立權狀，該車位可以單獨移轉。若無獨立權狀，該車位應隨主建物移轉而移轉，不得單獨移轉。

五.其他方面

□是□否　屋主急需脫手。
□是□否　屋主尚未搬空，可能需要較晚交屋。
□是□否　仲介專業度不足，或說話不盡不實，太多話術。

> **注意事項** 留心屋主背景與賣房原因，分析有無可趁機議價空間。若滿意房屋，但不滿仲介，應隨時提出要求爭取更換服務仲介。

看屋檢查事項

一.屋外

□是□否　社區內有夜間照明
□是□否　棟距足夠，無壓迫感或影響採光
□是□否　建物外觀具設計感
□是□否　建物外觀無明顯傾斜、外牆壁磚脫落等問題
□是□否　採封閉式社區，出入口有管制

二.管線

□是□否　使用自來水廠之自來水，水質正常
□是□否　水龍頭出水乾淨
□是□否　有獨立電表
□是□否　使用桶裝瓦斯
□是□否　使用天然瓦斯
□是□否　管線已有更新，不致太過老舊
□是□否　有網路線
□是□否　排水暢通，無回流、水管淤塞等問題
□是□否　抽油煙機排氣孔通暢
□是□否　有規劃單層排氣
□是□否　浴廁、廚房的排氣口方向不致影響鄰居，也不會為鄰居所影響

三.牆壁

□是□否　牆壁梁柱傾斜或有裂縫
□是□否　鋼筋裸露
□是□否　牆壁滲漏水，有水痕或壁癌
□是□否　天花板有裂縫，夾板腐朽等現象
□是□否　地板有破裂變形、浮凸不平等現象
□是□否　磁磚有破裂變形、浮凸不平現象

四.格局、坐向

- □是□否　基地方正
- □是□否　室內格局方正
- □是□否　室內有二面以上之採光
- □是□否　有前陽台
- □是□否　有缺乏對外窗的暗房或暗廳
- □是□否　沒有明顯風水瑕疵
- □是□否　衛浴有開窗通風
- □是□否　衛浴有乾濕分離
- □是□否　走道空間適當
- □是□否　沒有太多不必要的虛坪或死角
- □是□否　有廚房空間，並預留好瓦斯爐、抽油煙機等位置
- □是□否　有工作陽台，並預留好洗衣機、曬衣繩等
- □是□否　採開放式廚房
- □是□否　臥室有東西曬問題
- □是□否　有收納空間

五.其他

- □是□否　房屋有改建、增建、加建或違建
- □是□否　積欠水電瓦斯費
- □是□否　消防系統功能正常
- □是□否　逃生系統功能正常
- □是□否　照明系統正常
- □是□否　有無障礙設施
- □是□否　附贈傢俱、家電或裝潢
- □是□否　房屋曾發生火災或天然災害，並造成房屋損害
- □是□否　曾經做過輻射屋檢測
- □是□否　曾經做過海砂屋檢測（氯離子檢測事項）
- □是□否　有節能設計
- □是□否　位於中繼水箱上下樓層，或左右隔壁。
- □是□否　有二次施工，如陽台外推
- □是□否　有防火、防盜、無斷電系統等設備
- □是□否　有防火、綠建築、耐震等標章

chapter **5**

議價與下訂

看中好房子，更要買在好價格，才算是一椿好交易。
新手購屋時應學會「房屋價格停、看、聽」，懂得停
下來看看周遭行情、看出準確出價點，學會聽懂賣方
話術，才能避免被一時購屋衝動沖昏頭，真正談到符
合自身負擔能力的好房子。

本篇
教你

✓ 從出價到議價的流程
✓ 評估房屋價格
✓ 決定出價價格
✓ 了解斡旋金與要約書
✓ 議價技巧

房屋議價流程

鎖定心儀的房子後，買方接下來就得努力替自己爭取一個好價格。這個過程並非是漫天喊價、亂槍打鳥，而是要考量整體條件、市場行情，評估合理價格後，買賣方各自考量所需之下進行出價與還價。買方如能掌握議價技巧，才有機會爭取到有利的價格。

根據不同狀況，理解議價流程

從出價到議價經常是一場心理戰，特別是面對資訊不透明的賣方，買方應從就物件論物件的角度出發，事先設定好自己一開始的開價與談判底線，到真正議價時才能從容應對。

 完整估價 **3** 部曲

 估價

重點1
釐清房屋條件，透過實價登錄網站比較周遭行情
（參見 P.139）

重點2
探得屋價底限，摸清議價空間　（參見 P.142～143）

重點3
評估持有屋子的成本與收益　（參見 P.143）

 出價

重點1
事先設定出價區間

重點2
決定首次出價價位

重點3
事先擬定後續喊價水位

如果能事前對周遭行情
有大略認識，看房子時
也能更快進入狀況。

議價過程

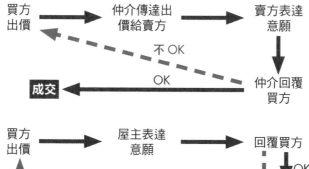

透過仲介／代銷	買方出價 → 仲介傳達出價給賣方 → 賣方表達意願

透過仲介／代銷

買方出價 → 仲介傳達出價給賣方 → 賣方表達意願

不 OK

OK

成交 ← 仲介回覆買方

直接面對賣方

買方出價 → 屋主表達意願 → 回覆買方

OK

不 OK

成交

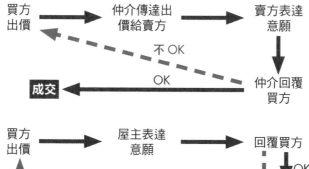

議價流程

價格定義

估價

出價

斡旋金

議價

135

5 議價與下訂

議價前必須先認識的幾種價格

一般在評估房屋價格時，常會以單價、總價來比較、判斷划不划算。若想評估房屋後續持有的納稅成本時，則又需考量到房屋的公告地價與公告現值。這幾種價格都是議價前就得先了解的。

認識房子的三種價格

單價 便於評估物件是否划算

房屋單價是指建物每單位面積的價格，是比較不同物件、衡量是否划算的常用價格。除了用「總價除以坪數」得知平均單價外，最好也能進一步評估各個組成部件的單價是否合理。

部件類型	說明	單價的估算方式
主建物	是屋內實際可用到的坪數，通常會小於建物權狀登錄的坪數。	是建物中單價最高的部分。台灣多以「坪」來為計價單位，如一坪 60 萬。 *1 坪＝ 3.3058 平方公尺
附屬建物	如陽台、露台等附著在主建物、但較少用到的設施。	賣方通常會比照主建物價格出售。但銀行實際估價時，價值只有主建物的 1/3 ～ 1/2。
公共設施	如社區大廳、樓梯或會客室等公共設施，就算不使用也必須分攤隨屋購買。	一般會比照主建物單價計算。
停車位	大樓社區內設的停車空間，需與房屋一同購買，或是當做單獨物件另外購買。分為平面式和機械式。	● 平面式停車位多為主建物每坪單價的 5 倍左右，通常車位樓層愈低，價格愈低。 ● 機械停車位價格為主建物每坪單價的 3 倍左右。

註：內政部通過「地籍測量實施規則」修正草案，明定自民國 107 年起，無論預售屋、新成屋的「屋簷」、「雨遮」全都刪除以附屬建物測繪登記的規定，一律不登記、不計價。

申請建造執照的時間點	可否登記	可否計價
民國 100 年以前	可登記	可計價
民國 100 年至 106 年止	可登記	不計價
民國 107 年以後	不登記	不計價

資料來源：內政部營建署

總價 判斷是否買得起的關鍵價格

即房屋整體價格，是加總了主建物、附屬建物、公共設施和內含車位後計算得出的價格。

> **總價計算公式：**
> 房屋總價 ＝（房屋權狀坪數 × 單價）＋ 車位價格
> 　　　　 ＝〔（主建物坪數 ＋ 公共設施坪數）× 單價〕＋（附屬建物坪數 × 單價 × 1/3）＋ 車位價格

> 有些建案會喊出低總價，但其室內實際坪數卻非常小，換算成單價的話並不划算。

公告地價與公告現值 計算地價稅與土增稅的依據

公告地價是地方政府公告的轄區內各筆土地的單位價格，雖然跟市價有不少差距，但卻是土地持有人每年繳交地價稅時的計算基礎。公告現值同樣是地方政府公告的轄區內每筆土地的價值，通常會比公告地價來得高，是土地、房屋買賣交易時，計算賣方需繳多少土地增值稅的基礎。

	公告地價	公告現值
公告時間	每三年公告一次	每年一月一日公布
稅賦種類	地價稅	土地增值稅
徵收時間	每年徵收	轉手交易時
稅賦公式	應納稅額 ＝（課稅地價 × 稅率）－累進差額	查定稅額 ＝（土地漲價 × 總數額稅率）－累進差額

這個價格合理嗎？──估價

房地產市場中，不動產估價師是最理解房屋價值的人，學會他們常使用的房地產估價心法，搭配多看、多算、多比較，新手也能學會正確算出房子的大略價值。

比較周遭成交價──釐清當下行情

跟買賣一般商品相同，想知道這間房屋的開價是否合理，最簡單的方法便是跟條件類似的房屋成交價做比較。

Step 1 列出目前心儀房屋的條件

列出心儀房屋的開價、所在地段、坪數、屋齡等基本條件，做為比價基礎。並整理出室內格局、樓層、公設比等從屬條件，做為後續調整估價的加減分項目。

實例 🔍 小謝夫婦看中一間位於市郊文教區，屋齡 17 年，開價 1,160 萬的中古電梯大廈。他們整理出該屋的基本條件準備跟周遭行情進行比較。

心儀房屋的基本條件
地點　台北市文山區
開價　1,160 萬
每坪單價　39.88 萬
坪數　35 坪
屋齡　17 年
房屋類型　電梯華廈

心儀房屋的從屬條件	
格局　方正，三房兩廳	😊
座向　坐西朝東，早上陽光強烈	
屋況　乾淨稍舊，一處小有水痕	😞
樓層　5 樓 /7 樓	
公設比　30%	
社區狀況　正常	

Info 用房價指數計算成交行情

如果找不到近期相似條件的成交案,而無法得知近期行情的話,買方可根據「房地產指數」,修正不同時間的房地產成交價,換算出目前行情。

現今每坪單價行情=每坪購入單價 ×(當前房價指數/購入時房價指數)

(房價指數哪裡找) 如台北市政府地政局有提供「住宅價格指數」,國泰建設與政大合作提出「國泰房地產指數」,或是房仲業自行推出的房價指數。都可多加比較利用。

Step 2 找出附近地區近期的成交房屋資訊

從「內政部不動產交易實價登錄服務網」找出三間以上與心儀房屋基本條件相近的房屋,根據其成交總價,分別計算出每坪單價。

> 挑選用來比較的房屋物件必須符合:
>
> ● 距離 500 公尺以內為佳,最好不可超過 1 公里
> ● 屋齡差距 0 ～ 5 年左右
> ● 房屋類型必須完全相同
> ● 半年內成交,最久不超過 1 年

(實例Q) 小謝到實價登錄網站後,搜尋半年內與待估價房屋基本條件相同的成交物件。找到了 A、B、C 三間房屋的成交資訊,再將三間房屋分別的成交總價換算成每坪單價。

房屋 A	房屋 B	房屋 C
成交價:895 萬	成交價:896 萬	成交價:996 萬
坪數:23.08 坪	坪數:25.38 坪	坪數:29.09 坪
屋齡:16 年	屋齡:17 年	屋齡:17 年
每坪單價:38.8 萬 (895 萬 ÷23.08 坪)	每坪單價:35 萬 (896 萬 ÷25.38 坪)	每坪單價:34.2 萬 (996 萬 ÷29.09 坪)

行情分析 此地最近成交單價行情約在 34 萬～39 萬之間,平均單價約為 36.1 萬。

Step 3 根據從屬條件，調整心儀房屋的預估成交價格

房價會受到坐向、公設比或社區狀況等條件影響。買方可根據Step1所列出心儀房屋的從屬條件，客觀分析心儀房屋的合理成交價範圍。不過，說出加分項目只會減少議價的彈性，最好不要反映在首次出價上。

<u>加分項目</u>

如格局方正、空間規畫良好、梁柱外推、座北朝南、無風水瑕疵、採光通風佳、屬於邊間、有景觀、具備前後陽台、社區管理良好等。

 提高未來加價意願

<u>扣分項目</u>

如格局多畸零空間、空間規畫不佳、室內多樑柱、座向不佳、有風水瑕疵或曾發生事故、採光通風差、樓層位置差、面墓地或高架橋等。

 降低首次出價價格

實例 小謝夫婦再次檢視此屋的從屬條件，評估加分項目和扣分項目後，估出對此心儀房屋的預期成交價區間為 33.3 萬～ 38.9 萬間。

<u>加分項目</u>
格局方正

 議價時，每坪至多加價 1 萬元

<u>扣分項目</u>
屋況較差

 預期成交價每坪應降低 1 萬元

當碰到一看就喜歡，願意用稍高價格購買的房子。買方仍須保持冷靜議價、出價，切勿一開始就向賣方流露愛不釋手的態度，以防賣方認為奇貨可居，堅不降價。

^{Step} 4 比較與心儀房屋的開價落差，決定後續出價積極度

比較平均行情價與心儀房屋的開價落差，判斷成交可能性、以及該在此物件上投入多少時間、心力。若價差過大，不如直接放棄，另覓其他理想房屋。價差愈接近，愈可考慮在後續議價表現積極度，贏得賣方青睞。

- 開價 > 平均行情價 130% → 價差大
  成交機會低，結果也多不理想，建議放棄。

- 平均行情價 120%< 開價 ≦ 平均行情價 130% → 價差大
  若真的很喜歡，仍可依行情出價試探，但若無明顯降價回應，即放棄，不用勉強下斡旋金。

- 平均行情價 110%< 開價 ≦ 平均行情價 120% → 價差偏高
  可出價表示成交意願，若有善意回應，可考慮按預估成交價下斡旋金。

- 開價 ≦ 平均行情價 110% → 價差近
  有機會以較低的預期成交價購得，保持平常心出價，但可提高議價時加價的積極度，或是較快下斡旋金。

實例🔍 心儀房屋開價的每坪單價約 39.88 萬，對比周遭平均行情每坪 36.1 萬，小謝夫妻要如何因應才好？

（開價每坪 39.88 萬－平均行情價 36.1 萬）÷ 平均行情價 36.1 萬
= 3.78 萬 ÷ 平均行情價 36.1 萬
= 10.47%
≒ 10% → 價差近，可出價談談

Info 估完價就該馬上出價嗎？

即便估價後，覺得這間屋子可以出價談談，不妨還是先跟仲介多套套賣方口風與議價空間。雖不見得能盡信，但仲介為了加速雙方交易進程，多少會透露一些雙方狀況。買方可據此做為出價後的加價參考，但不用立即反應在一開始的出價上。

概算賣方求售價格底限

　　買方若能概算出屋主底限，就可減少議價時間、降低買在高價的風險。當賣方成本較高，除非屋主急於求現、或物件乏人問津，否則議價空間較少。當成本較低，除非屋主不積極求售或物件搶手，否則議價空間較多。

1. 概算預售屋的建商成本

建商成本結構通常很複雜，但不脫土地成本、營造成本、管銷成本與利潤等四項，買方可從粗估建商成本做為出價參考。

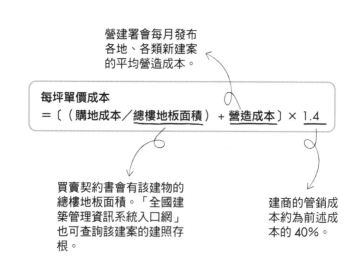

營建署會每月發布各地、各類新建案的平均營造成本。

每坪單價成本
＝〔（購地成本／總樓地板面積）＋營造成本〕× 1.4

買賣契約書會有該建物的總樓地板面積。「全國建築管理資訊系統入口網」也可查詢該建案的建照存根。

建商的管銷成本約為前述成本的 40%。

2. 概算中古屋的屋主入手價

除了實價登錄網站查得近期的成交價,也可從房屋的登記謄本上所登
載之貸款金額,粗估屋主的入手成本。

> **銀行實際貸款金額=地籍謄本的貸款金額 / 1.2**
> **屋主可能購入價格 =銀行實際貸款金額 / 0.7 ~ 0.8**

登記謄本的貸款金額
為銀行設定的抵押金
額,通常比實際貸款
金額高出兩成

一般房貸約占房屋總
價的 7 ~ 8 成,以此
回推總價
可先詢問屋主當初的
貸款成數

3. 房屋未來的可能收益

即使是為了自住買房,但仍需考量萬一有需求時,這間房子是否能以
好價格快速出租或脫手,這都代表了此樁買賣的投資報酬率好或壞。

> **房屋投資報酬率=區域年租金行情 / 房屋價格**

評估結果
- 低於區域房屋平均投報率價格太多時,表示房屋價
  格過高,可能買不如租。
- 若欲購的房屋投資報酬率稍低,可藉議價降低購屋
  成本,提高效益。

Info 可在出價前請銀行估價嗎?

一般必須在房屋確定成交後才能請銀行估價。但買方也可事先請平日互有往來的
銀行就房屋條件,協助粗估可貸金額或成數做為估價參考。

我該出多少價？──出價

買方的第一次出價頂多代表賣方願意議價的價格起點，往後只會向上加價，無法回頭減價。因此，買方必須根據之前做好的完整估價、考量自己能力，決定出合理、不吃虧的首次出價價格。

三步驟學會準確出價

從出價到議價經常是一場心理戰，特別是面對資訊不透明的賣方，買方應從就物件論物件的角度出發，事先設定好自己一開始的開價與談判底線，到真正議價時才能從容應對。

原則 1 按預期成交價由低至高出價

買方可對照之前的估價，由低至高，從最低的預期成交價、市場平均行情、較高的預期成交價等，做為重要的成交價參考點，但無論如何，最高不可超過自身的承擔能力上限。

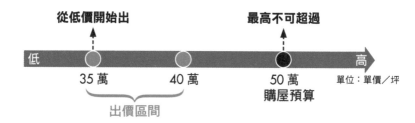

從低價開始出　　　　　　　　最高不可超過

低　　　　　　　　　　　　　　　　　　　高
　　35 萬　　　40 萬　　　50 萬　　　單位：單價／坪
　　　　　　　　　　　　　　購屋預算
　　　　出價區間

Info 透過多看房，提升判斷準確度

自住客與投資客在看房、估價、出價的經驗上多半相去甚遠。對於新手來說，不用一開始就急著想快速出價、快速成交。反而穩紮穩打地練習多看、多估價、多比較，等累積足夠經驗後，自然能夠快速判斷房子的價值，提升速度與準確度。

買方應慎重考慮每一次
的出價，一旦決定出
價，也應做好可當場下
斡旋金或出具要約書的
心理準備。

原則 2 根據最低的預期成交價再打折，做為首次出價價

為了爭取未來能夠向上加價的空間，買方可依照每坪單價的最低
預期成交價再打九折來做為第一次出價價格。

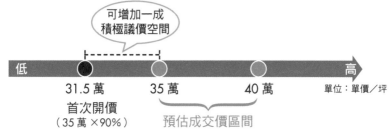

可增加一成
積極議價空間

低 ──────────────────────────→ 高

31.5 萬　　　　35 萬　　　　40 萬　　　單位：單價／坪

首次開價　　　　　　　預估成交價區間
（35 萬 ×90%）

原則 3 事先決定加價金額與後續出價策略

通常只要買方出價合理就有可商量的空間。根據決定好的出價
點，搭配之前列出預期成交價區間，做為接下來每次出價的依據，以
防自己在議價的過程被賣方過度影響。

> **加價訣竅**
> 1. 加價幅度由高到低，逐漸縮小議價範圍。
>   如將每坪加價從以萬元為單位，逐步縮減到只以千元為單位，向賣方
>   施加壓力，控制成交價會落在預算以內。
> 2. 每次加價都必須預留一點考慮時間。
>   即便心有定見，已經決定該加多少，還是要表示需要一點時間考慮。
>   以免加價太快，讓賣方覺得自己還有很多加價空間。
> 3. 盡量從仲介或代銷口中套出賣方價格區間，再來決定加多少。
>   買方要避免賣方一說價格不 OK 就急著加價，先沉住氣，聽聽賣方口
>   氣跟拒絕理由。口氣愈鬆動或理由薄弱，當然加價愈少。

什麼是斡旋金？

當買方出價後，房仲或代銷人員為了確保買方的成交意願，通常會希望買方下一筆斡旋金，以此為擔保承諾不會反悔，同時也具備一定法律效力。因為需先支付一筆錢，買方必須完全了解這些金額的用途與限制，以免平白損失了。

斡旋金跟定金有甚麼不一樣？

賣方收下斡旋金答應成交後，斡旋金多會轉為定金的一部分。但在法律效力來說，斡旋金與定金的意義仍然具有相當的差異。

1. 斡旋金只代表成交意願，不代表一定成交

斡旋金都只能代表買方的成交意願，屬於要約行為。能否真的成交還要看賣方的意思，並不是說只要下了斡旋金，交易就一定能成功。

2. 賣方同意前，斡旋期間隨時可以反悔

對於中古屋買方來說，只要賣方尚未同意，買方可以隨時跟仲介取消斡旋金。但當賣方同意時，雙方就有完成買賣契約的義務，買方不能反悔，必須按出價購買這間房屋。

	房仲的斡旋金	定金／簽約金	
契約狀態	賣方同意後，完成買賣契約的義務即告產生	表示買賣契約成立	定金強制性較高
取消條件	賣方回應前買方均可反悔不買。或斡旋期限截止時，斡旋金契約自動失效，仲介需無息返回斡旋金	雙方均不可反悔，否則需賠償對方	定金反悔時的罰金較高
金額	通常在 5 萬～出價的 3% 以內	約為總價的 10%	定金金額較高

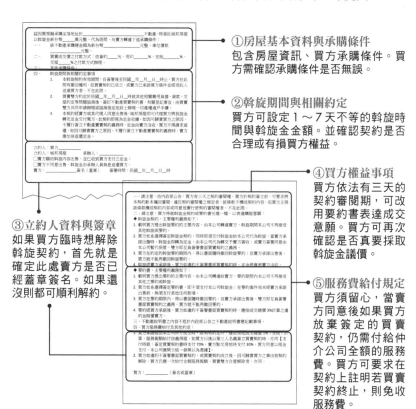

看懂買賣斡旋金契約

買方經由房仲下斡旋金時，房仲業者必須清楚說明斡旋金的用途、效力，與約定好斡旋期間與斡旋金額、返還方式，並載明在買賣斡旋金契約中。買方需詳細閱讀契約內容，有任何疑問都可立即提出。

①**房屋基本資料與承購條件**
包含房屋資訊、買方承購條件。買方需確認承購條件是否無誤。

②**斡旋期間與相關約定**
買方可設定1～7天不等的斡旋時間與斡旋金金額。並確認契約是否合理或有損買方權益。

③**立約人資料與簽章**
如果買方臨時想解除斡旋契約，首先就是確定此處買方是否已經蓋章簽名。如果還沒則可順利解約。

④**買方權益事項**
買方依法有三天的契約審閱期，可改用要約書表達成交意願。買方可再次確認是否真要採取斡旋金議價。

⑤**服務費給付規定**
買方須留心，當賣方同意後如果買方放棄簽定的買賣契約，仍需付給仲介公司全額的服務費。買方可要求在契約上註明若買賣契約終止，則免收服務費。

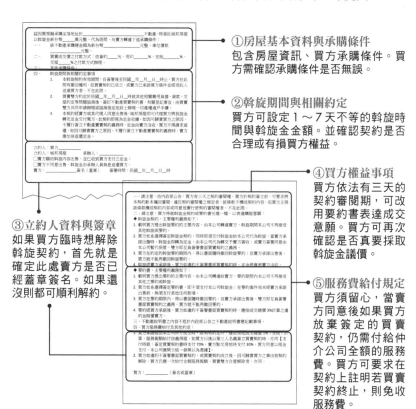

Info 要約書也有同樣效力

如果買方擔心斡旋金可能一去不復返，也選擇以「要約書」的方式表達成交意願，即是以書面方式向賣方承諾願以該出價購入約定房屋。如果買方在賣方允諾後反悔，通常需承擔成交總價3%左右的賠償金額。

我該如何和賣方殺價？——議價

當買方出價合乎行情，或與賣方底線相近，仲介就會安排雙方見面議價。所謂「議價」除了價格攻防，還包括「付款條件」、「稅費分擔」與有無如裝潢、家電等附屬贈品，都需趁此時討論，買方千萬不可輕忽大意。

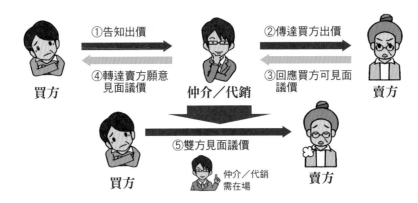

正式議價前的準備功課

　　買房議價時是考驗買方的心理夠不夠堅定、事前功課是否有準備充足。買方要準備到位，才不會在正式議價過程中，失去了理性判斷與攻防能力。

技巧	重點功課
1. 說之以理 理性舉出房子不足之處，客觀說明市場上降價空間	● 蒐集房屋缺失，如管線、家具老舊、漏水等 ● 對修繕行情有概念，羅列花費請賣方折讓
2. 動之以情 促使賣方因為同理心、或認同買方而降價	● 事先尋找跟賣方的共同點，如同鄉、同行等 ● 以低姿態贏取賣方同情，如有為的打拼青年等
3. 誘之以利 當賣方有明確獲利時，買方就有機會說服快速成交	● 事先了解賣方購入成本，估出賣方底價 ● 閒聊套出仲介是否急需業績，或答應仲介若以買方出價談成，買方則不砍仲介費或另有酬謝
4. 脅之以力 當賣方有特殊需求，恰巧自己具備對方希望的條件就能以此要求賣方降價	● 事先了解賣方出售原因，如急需現金等，自己若有現金充足，便可趁機壓低價格 ● 找到自己的優勢，如能號召大家團購預售屋，藉此要求賣方降價

預售屋的議價訣竅

選擇購買預售屋時，買方通常是跟建商委託的代銷公司議價。代銷公司為了讓預售屋盡快銷售完畢，會利用各種方法促使買方下定簽約。相對地，買方便可利用代銷維持預售屋買氣的特點，爭取議價空間。

從預售屋三階段，找進場時機

從建商動土興建前的預售推案到房屋落成前，都是預售屋的銷售期，整個銷售過程分成潛銷期、促銷期與結案期。由於每一階段的銷售特性都不相同，買方可從中選擇對自己最有利的時期議價購買。

潛銷期　測試市場買氣，拉抬買賣聲勢

建商正式推出廣告前，會為了營造市場買氣而有較多議價空間。但此時買方掌握的房屋資訊最少，必須小心審視建商信用與各項條件。

購屋優勢 ⬆	購屋劣勢 ⬇
●議價空間最大	●未來漲跌風險最大
●房型位置選擇最多	●房屋資訊最不透明

促銷期　集中火力銷售，來客數多，議價空間縮小

有意願的買方多會在建商正式推出廣告、代銷公司進駐後出現，此時議價空間縮小，各類促銷話術也紛紛出籠，買方須小心以對。

購屋優勢 ⬆	購屋劣勢 ⬇
●各類房屋尚有選擇空間	●議價空間最小
●有較多房屋資訊可參考	●代銷花招最多

> **結案期 儘快售完脫手，轉進下個建案**
>
> 當餘屋已經所剩無幾，或建築已接近完工，建商跟代銷公司都會希望能盡快結束此案，收回資金與人力，因而增加議價空間。
>
> **購屋優勢 ⬆**
> ● 具有議價空間
> ● 屋況與成交價最具體
>
> **購屋劣勢 ⬇**
> ● 所剩選擇最少、最差
> ● 可能已來不及客變

破解代銷話術

　　儘管建商開價相同，但因為買方的議價功力不同，成交價也可以相去甚遠。買方需先了解代銷人員的話術，才知道該如何應對。

代銷話術 1

「不二價」、「底價」可信嗎？

例 ❶ 公司為了貼近行情，這次的開價就是不二價，沒辦法再降價了。

例 ❷ 公司牌價規定每坪 60 萬，底價最低只能到 55 萬。

買方破解法

找對關鍵人士，增加議價空間

所謂不二價，只是議價空間較小，聽到底價則是往下議價的開始。從建商高層到第一線代銷人員，不同階層能給予買方的底價也不同，買方如果能找到愈高層人員議價，議價空間愈多。

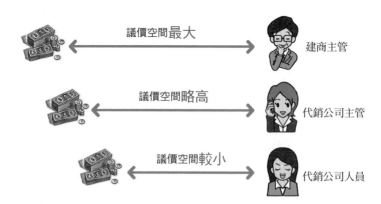

議價空間最大　　建商主管

議價空間略高　　代銷公司主管

議價空間較小　　代銷公司人員

代銷話術 2

心儀房型賣完，餘屋人人搶？

例❶ 中高樓層早搶完了，只剩二樓面馬路。

例❷ 隔壁剛出每坪 30 萬就在搶這間，不如你多加一點，我現在就幫你保留。

買方破解法

換人談談看，測試賣方誠信

代銷人員常會看人調整售價或推銷房屋區位。若對方表示心儀區位很多人爭取要求提高出價，買方還是應以事前估價為準，或請家中親友隱瞞身分重新詢問，比對前後說詞來確認銷售實情。

代銷話術 3

送車位、裝潢，當然較貴？

例❶ 我們的房屋雖然價格高一點，但卻附贈全屋裝潢。

例❷ 人家車位都要用買的，我們一戶還有送一個車位！

買方破解法

確認需求，決定該拗還是該折價

建商贈送的裝潢與車位品質不見得好，買方需計算總價扣除建商贈品後，是否仍然划算。再依個人需求，要求免裝潢折抵單價，或力拗贈送家電或提高裝潢品質。

代銷話術 4

當日下訂才有優惠？

例❶ 如果你願意今天當場就下訂，我可以給你特別優惠每坪再折一萬！

買方破解法

戒急用忍，優惠跑不掉

只要記得別流露出「非它不買」的心情，就算當日不下訂，下次還是可爭取優惠。反之，如果買方本來就打算當日下定，也可利用這個話術繼續往下議價。

Info 什麼是紅單？

「紅單」是預售屋建案的「買賣預約單」，其實沒有實際上的法律意義，最多只能說是購買預售屋的「資格」。

行政院於民國 111 年 4 月 7 日通過《平均地權條例》修正草案，除非特殊情形，不得將預售屋紅單、新成屋買賣契約轉讓或換約，建商也不得協助契約的轉讓或轉售，違規者將以戶棟處罰 50 萬～ 300 萬元。

前段條文所述特殊情形，是指買受人必須是配偶、直系或二親等內旁系血親，以及買受人在簽約後因受強制執行、重病長期療養、非自願失業，或重大變故導致無法付款，向縣市政府申報核准後，可以不受「預售屋禁止換約轉讓」的限制。

新成屋的議價訣竅

　　新成屋的賣方可分成代銷公司或建商，以及原屋主委託的房屋仲介。由於新成屋的房屋來源比較複雜，買方可循線分析房屋目前的銷售狀況與屋主背景藉此取得議價空間。

比對賣方條件，尋找優勢物件

　　代銷公司銷售的新成屋通常是建商賣不掉的餘屋，或是建商與地主合建時，地主分回的房屋；仲介的主力案源則多是原本就計畫轉手的投資客、房貸或資金有問題的斷頭戶。買方可比較不同案源的優缺點，尋找對自己最有利的物件購買。

代銷

地主保留戶
地主跟建商合建的新成屋，地主戶通常會等到落成後出售。由於地主持有成本較低，較有機會以低價出售。
優點 價格低
缺點 戶數不多，區位有好有壞

建商餘屋
如果到交屋時，房屋都尚未售盡，建商通常會搭配裝潢或家電促銷，房屋價格也好談許多，但房型位置多不理想。
優點 價格優惠、可看到實屋
缺點 房型可能不理想

仲介

投資客
從預售屋到新成屋，都可能有早先買進的投資客透過仲介轉手賣出，有時甚至為數不少，轉手價格通常不低。
優點 通常房型區位不錯
缺點 價格常比預售屋高

斷頭戶
這是指交屋時資金短缺，必須認賠殺出的屋主，他們多半只求現金，殺價空間相當高，但不見得隨時都會出現。
優點 議價空間高
缺點 可遇不可求

中古屋的議價訣竅

　　無論有沒有經過仲介買房，買方的主要目標還是屋主本身。因此，中古屋的購屋者在考慮如何議低成交價時，應以如何打動屋主點頭降價為主，再視情況降低給仲介的仲介費來爭取合理價格。

拒當凱子，貨比三家不吃虧

　　成屋買賣中，買方如果懂得善用不同仲介、不同付款方式可以選擇等優勢條件，將可化解很多議價狀況，替自己爭取到不少議價空間。

議價狀況 1　斡旋金只代表成交意願，不代表一定成交

仲介以買方出價太低為由，不願幫忙跟賣方談價是很常見的議價話術。此時買方如果自認出價尚屬合情合理時，就不用急著調高出價，而應該考慮有無可能換成其他家仲介幫忙談成。

情況 ❶ 屋主與仲介為專任約
若自身開價較合理估價低，可考慮稍微調高價格。或是要求仲介幫忙約見屋主，當面談價。

情況 ❷ 屋主與仲介為一般約
可詢問別家仲介是否有賣此屋，其他家仲介為了搶客戶，多會幫忙談談看。

Info 刻意拉攏仲介，不如尋找好仲介
新手買方常見的迷思是該如何拉攏仲介，讓仲介有好房屋時預先通知自己，而忘了自己有隨時換人與勤做功課的權利。如果覺得對方不能以自己的需求為重、不夠認真或積極，還不如馬上換人，尋找下一個好仲介。

議價狀況 2 賣方價格接近預期，但可能已無降價空間

當從理性面討論房子的不足，從可能需要修繕或改裝費議價，或從感性面對賣方哭窮，尋求同理心等方法均已用盡，賣方也已經降價一定幅度。但買方還是希望再稍微降低些許價格，可從賣方或仲介下手，採取「以買清計價」、「降低仲介的服務費」或「折讓家具」的方式降低購屋總價。

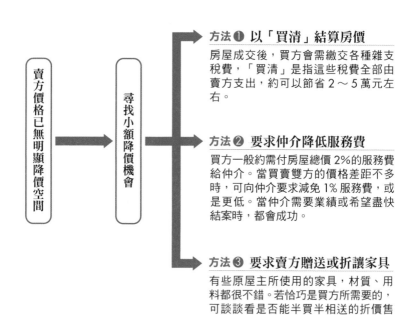

賣方價格已無明顯降價空間

尋找小額降價機會

方法❶ 以「買清」結算房價

房屋成交後，買方會需繳交各種雜支稅費，「買清」是指這些稅費全部由賣方支出，約可以節省 2～5 萬元左右。

方法❷ 要求仲介降低服務費

買方一般約需付房屋總價 2% 的服務費給仲介。當買賣雙方的價格差距不多時，可向仲介要求減免 1% 服務費，或是更低。當仲介需要業績或希望盡快結案時，都會成功。

方法❸ 要求賣方贈送或折讓家具

有些原屋主所使用的家具，材質、用料都很不錯。若恰巧是買方所需要的，可談談看是否能半買半相送的折價售出。可抵消一筆不少的後續裝潢、家電支出。

拿定主張，冷靜面對議價雜音

議價過程中，有些仲介為促使買賣雙方盡快成交，會利用一些議價花招，例如營造來看屋的人數眾多、賣方即將出國降價賠售等，迫使買方出價或馬上下斡旋金。買方應謹慎面對，謹守自己原先的估價與底限。

議價流程

價格定義

估價

出價

斡旋金

議價

仲介話術 1

賣方急售可信嗎？

例❶ 屋主花了很大力氣裝潢，只是現在要出國定居才賣掉的。

例❷ 這是屋主為小孩結婚裝修的，但小倆口想搬家，只好賣掉。

買方破解法

是否為投資客，看地籍謄本就知道

如果地籍謄本顯示原屋主買進後兩年左右就想轉手，屋主是投資客的機率就很高。這些房子常常看起來裝潢精美，但其實百病叢生，買方需特別小心檢查。

仲介話術 2

競爭的買方果然眾多？

例❶ 這房子條件很好，大家都搶著帶看，可能這幾天就會賣出。

例❷ 有客戶很喜歡這間房子，當天就下斡旋，你現在已經慢了。

買方破解法

判斷黃金帶看時間，勿躁進決定

大部分的自住買方平時都可能需要上班，周末就自然是看屋人潮較多的黃金時間。買方不用因此倉促決定。因為這些潛在買方，不見得完全都是真的競爭者。

仲介話術 3

市場行情都這麼熱嗎？

例❶ 類似條件的屋子之前都開到XX 萬了，這個開價真的不算貴。

例❷ 剛接到電話，XX 區又成交一戶，現在的房子都快不夠賣了。

買方破解法

事前做好功課，自己掌握成交行情

買方必須先了解行情，在過程中適時點出偏低成交價的實例，或以該地區的成交量下跌，來拉低議價。

chapter 6

從簽約到過戶

決定要簽約了！雖然簽約程序可委託仲介與地政士進行，購屋新手們還是要充分了解從簽約到過戶的手續流程與法律規定，才能保護自身權益，避免受騙上當與日後發生糾紛。

本篇
教你

✓ 簽約到過戶的流程
✓ 確實檢查買賣合約
✓ 該交多少稅？
✓ 過戶登記的法律流程
✓ 何謂履約保證？

各類房屋的簽約、過戶流程

口頭談好交易條件還不夠。簽約購屋前，買方必須先了解整體簽約流程，確保契約上登載了所有先前談定的交易條件。不過，成屋與預售屋從簽約到過戶的流程不盡相同，買方要明白其中差異，才能盯牢每個關鍵環節。

從簽約到過戶

雖然預售屋從簽訂契約到過戶要花上一兩年的功夫，但建商都會安排好各個階段該完成的事，流程相形單純。中古屋從簽約到過戶則約只需一個月左右，不過該緊盯的環節較多，過程也較複雜。

預售屋 | **簽約**

1. 依法律規定，預售屋的買方在正式簽約前有五天的契約審閱期。若在審閱期間後悔，可要求返還定金，停止簽約。（參見 P.166）
2. 確認契約沒有問題即可正式簽約，此時必須繳交「訂、簽、開」金，即訂金、簽約金、開工款，也就是預售屋的頭期款，通常約為房屋總價的 10% ～ 15%。

對保

建商領到使用執照後，會請你到銀行對保。確認貸款種類、貸款利率、攤還方式等細節後簽署「撥款同意書」，也就是過戶時建商即會領取到銀行的撥款。

中古屋 | **簽約**

1. 買賣雙方見面，確認交易條件後，經地政士（即代書）見證簽約。（參見 .168）
2. 簽約完成後，買方必須付給賣方第一筆總價 10 % 的價金，稱為簽約款。

用印

1. 地政士備妥完稅、過戶所需的文件，讓買賣雙方確認後蓋章。（參見 P.174）
2. 若買方需辦理貸款，應於此時決定貸款銀行、申辦貸款等資料。（參見 P.189）
3. 用印前，買方要記得——詳查相關文件，避免用印後發現有錯。
4. 用印後，買方需支付第二筆總價 10%的價金，稱為用印款。

Info 買賣房子應負擔的稅費

買　方	賣　方
契稅	土地增值稅
印花稅	鑑界費
貸款設定費	貸款設定塗銷費
登記規費	交屋日前的房屋稅及地價稅
房屋保險費	交屋日前的水電、瓦斯、管理費
地政士費	房地合一稅
仲介費 1～2%	仲介費 2～4%
貸款手續費	
契約簽約費：雙方各半	
履約保證費用：視雙方需求決定	

註：賣方應於所有權移轉登記次日 30 天內申報房地合一稅。

完稅

1. 地價稅、房屋稅在交屋日前由建商負擔，交屋日之後由買方負擔。
2. 土地增值稅由建商負擔。
3. 印花稅、契稅及相關規費則由買方負擔。

過戶

1. 由建商委託的代書辦理房地產過戶手續，必須於建商領得使用執照後 4 個月左右完成。（參見 P.163）
2. 買方必須留意，一旦過戶後，銀行就會將買方的貸款金額撥入建商帳戶。（參見 P.163）

完稅

1. 所有權移轉前，買賣雙方要先付清如契稅、印花稅、土地增值稅等稅費。（參見 P.180）
2. 完稅後，買方需付給賣方第三筆總價 10% 的價金，稱為完稅款。

過戶

1. 根據土地、建物權狀、謄本，確認所有權都已經移轉完成。（參見 P.163）
2. 過戶手續完成後，貸款銀行將貸款撥入賣方帳戶後，便可辦理交屋。（參見 P.165）

Info

預售屋或新建成屋買賣契約，買受人除配偶、直系或二親等內旁系血親外，不得轉售給第三人；且須符合簽約後財產因故遭強制執行、配偶、近親因重大傷病須長期療養、非自願失業或重大變故，致無力繳款履約的特殊情形，由經直轄市、縣（市）主管機關核准才能讓與或轉售，違者將按戶棟處罰 50 萬～ 300 萬元。

挑選值得信賴的地政士

雖然買賣房屋從簽約到過戶的手續都可自行辦理，但委託一位誠實可靠的地政士（俗稱「代書」）代為辦理，不只能節省買賣雙方大量時間、精力，也可避免買賣雙方因處理經驗不足而出紕漏。

如何找到優質地政士

一般不動產交易中，多半由買方指定地政士人選。而合格的地政士必須具備「地政士證書」與開業執照，還需加入地政士的公會組織，才能代辦、申請買賣不動產的相關文件。買方不妨詢問周遭親友有無推薦人選，並親自和地政士聊聊，確定對方是否值得信任後，再做決定。

最適條件

基本條件

基本條件：

1. 有地政士證書及開業執照（必備）
2. 為地政士公會會員（必備）
3. 已經開業數年以上

最適條件

1. 說明流程與回答買方提問時，不會誇大其詞或自相矛盾。
2. 收費清楚明白，會自動開立單據，不會事後加價。
3. 對委託者始終保持耐心、親切。
4. 辦事有效率，並提醒委託者須留意的細節。
5. 若辦公室與檔案陳設零亂，過戶程序上就易有缺漏。

地政士收費怎麼算？

　　一般地政士收費，多與「地政士公會」的收費參考標準相近，但實際收費會因各事務所收費標準不一而略有出入。有些地政士事務所會因案件位於偏遠地區或情況較繁複而增加收費。購屋者事前需仔細確認。

辦理事項	單位	價格	備註
簽約手續費	每份	2,000～3,000 元	買賣雙方分擔
土地移轉登記	每件	6,000～8,000 元	—
建物移轉登記	每件	6,000～80,00 元	—
抵押權設定登記	每件	4,000～5,000 元	—
抵押權塗銷登記	每件	1,500～20,00 元	—
實價登錄代辦費	每件	2,000～3,000 元	—
權狀補發	每件	2,000～3,000 元	—
重購退稅	每件	6,000 元以上	視情況而定
申請謄本	每份	500 元	有些僅收工本費

※ 注意事項：上表金額不含登記規費或稅金。

Info　透過仲介買房還要找地政士嗎？

大型的仲介公司幾乎都雇有專任地政士，專門負責處理公司仲介的買賣案件，好處是資訊傳遞速度較快，時效較高。而小型仲介多以「特約代書」，或另請地政士辦理流程。若買方擔心因此容易吃虧受騙，除自行另聘地政士外，也可考慮採用與賣方分開聘僱的「雙地政士」方式。不過，後者的費用會較高一些。

買賣房屋的履約保證

履約保證是藉由擔負起履行契約責任的第三方銀行或公司，保證買方依約付款，賣方也依約交付房屋，避免違約或詐欺。但因預售屋與成屋的交易方式相異，其履約保證方式也不同。

預售屋履約保證

內政部規定預售屋契約中必須納入履約保證。購屋前確實了解各種履約保證的內容差異，萬一發生問題時，才能冷靜應對。

履保類型	定義	取回價金	保證交屋	專款專用
預售屋不動產開發信託	將土地、資金信託給公正第三方，承諾「專款專用」。		視建商與保證方協議而定，通常兩者擇一	✓
價金返還之保證	銀行擔保若未如期交屋，購屋者可如數拿回已付價金。	✓	—	—
價金信託	信託機構保證工程的興建資金將會專款專用。	—	—	✓
同業連帶保證	兩家建商相互擔保，若其中一家無法完工，另一家建商會無條件接續完成。	—	✓	—
公會連帶保證	幾家建商相互擔保，若其中一家無法完工，其餘建商會無條件接續完成。	—	✓	—

預售屋履約保證流程

（對照 P.159 流程）

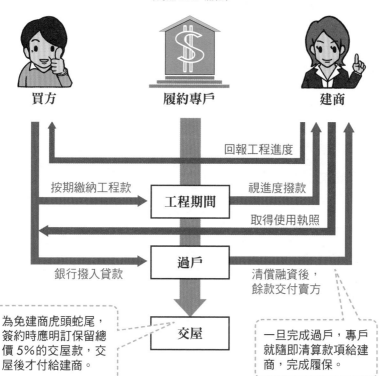

買方　　　　　履約專戶　　　　　建商

回報工程進度

按期繳納工程款　　**工程期間**　　視進度撥款

取得使用執照

過戶

銀行撥入貸款　　　　　　清償融資後，
　　　　　　　　　　　　餘款交付賣方

交屋

為免建商虎頭蛇尾，
簽約時應明訂保留總
價 5%的交屋款，交
屋後才付給建商。

一旦完成過戶，專戶
就隨即清算款項給建
商，完成履保。

預售屋履約保證方式中，
以「不動產開發信託」、
「價金返還」最受一般消
費者青睞。

成屋的履約保證

　　「預售屋履約保證」以保護買方為主，而交易成屋時的「成屋履約保證」則是為了同時保護買賣雙方。確保賣方如實履約賣出房子時，一定能收到價金，而買方所付出的價金跟貸款會在買方取得房地產的所有權後，才真正交付給賣方。

有哪些管道可辦理成屋履約保證呢？

1. 建經公司—履約保證

履約保證，是透過建築經理公司（簡稱建經公司）協助辦理，而建經公司的背後都有各大房仲業者相互投資或策略合作關係。

建經公司擔任中間橋樑的角色，幫忙買賣雙方處理信託專戶相關事項，但真正保管款項的還是銀行，除非建經公司使用的不是信託專戶，而是一般的公司帳戶。

優點 建經公司在遇到問題時，可以約束雙方依「不動產合約」執行，若買方不交付尾款，建經公司就會先代償尾款給賣方，再透過法律行動向買方追討尾款。

缺點 因為建設公司是委託方，所以款項都是直接匯到建經公司指定的帳戶（有些建經公司用信託專戶，但有些建經公司用一般公司帳戶），再由「建經公司」委託「代書」將款項撥給賣方，因此代書可依契約合法動用履保專戶。實務上曾經發生過「代書」或「建經公司」盜用款項，導致買賣雙方都受害的案例。

2. 商業銀行—價金信託

價金信託，全名是「不動產買賣價金信託」，由銀行指派專員協助辦理，依合約負責保管「買方已繳的款項」。

優點 因為委託人是買賣雙方，所以款項是直接匯到信託專戶，如果要動用到專戶內的款項，必須先繳交相關文件給銀行，由銀行確認之後再提出，所以不會發生「建經公司」與「代書」捲款潛逃的情況。

缺點 銀行只負責保管專戶的款項，萬一遇到交易糾紛，行員因為不是專業的不動產從業人員無法協助處理，所以這方面的服務比不上經建公司。

成屋履約保證流程

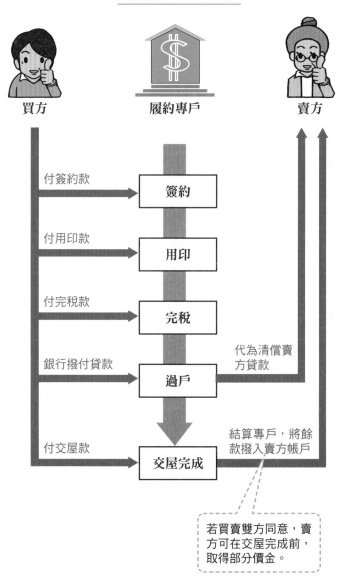

買方　　　　　履約專戶　　　　　賣方

付簽約款　　　→　**簽約**

付用印款　　　→　**用印**

付完稅款　　　→　**完稅**

銀行撥付貸款　→　**過戶**　　　代為清償賣方貸款

付交屋款　　　→　**交屋完成**　　結算專戶，將餘款撥入賣方帳戶

若買賣雙方同意，賣方可在交屋完成前，取得部分價金。

如何檢查預售屋契約？

預售屋的買賣契約是買方權利的重要依據。除了要對照既有的法律規範，也要留意從簽約到交屋的繳款時程，以免喪失自身權益。

確認建商的預售屋契約

　　若遇到銷售人員常會百般阻撓，不肯讓買方未下訂金前，就把契約帶回家仔細研究。看屋者可選擇攜帶內政部制定的「預售屋買賣定型化契約」，現場逐條比對，要求銷售人員補充說明並註記差異。但就算簽下契約，購屋者仍享有五天的契約審閱期，在期限內都可無限制地取回訂金。

預售屋合約檢查重點

1. 建材設備表：(1) 參觀樣品屋要拍照、配備表、廣告宣傳圖要留存、(2) 比對契約內容和廣告有無誤差，並註明廠牌型號、(3) 如果只寫等值產品，也要請建商寫明替換的廠牌型號和價格。

2. 履保機制：建商在推案前都會決定好履保機制，消費者沒辦法選擇，如果對履保機制存有疑慮，最好直接找下一個案子。建議履保機制的優先順序：價金返還＞價金／不動產開發信託＞公會／同業擔保。

3. 坪數登記、車位位置和公設：簽約時，務必確認建案土地坐落的地號、基地面積與持分比例和坪數，契約內容並應詳細載明購買房屋的棟別、樓層，建議影印建照的配置圖、平面圖。（影本要檢附在和建商簽的合約書後，成為合約的一部分）

4. 注意交屋面積誤差：房子沒辦法 100% 和設計圖一樣，在施作過程中多少會有面積誤差，但是誤差有上限，消費者要特別注意下列 2 點：(1) 當房屋蓋完後與合約誤差超過 3%，只有消費者可以主張解約、(2) 消費者支付面積誤差額以 2% 為上限。

5. 注意完工時間：契約內容通常會約定好「取得使用執照」與「交屋」的時間，但要注意還是有不可歸責於建商的因素，可能導致時間遲延。

6. 預留交屋保留款 5%，保固期自交屋日起算。

7. 違約罰責：政府規定違約金至少為已繳價金的 15%，過高或過低都要注意。

8. 應記載及不得記載事項：可上網下載內政部的「預售屋買賣定型化契約自主檢查表」做比對，記得逐一審查，如果有發現不同的條文一定要提出請建商修改。

確認預售屋的繳款時間

　　跟買賣成屋不同，買方簽訂預售屋的買賣契約後，不需在短時間內付完所有的自備款，而是在工程施作期間分期繳納。而工程款的繳付方式可分為「依工程進度繳納」或「按月付款」。購屋者在簽約前必須再次確認清楚繳付方式與預期的繳款時間，才能提前調度開支。

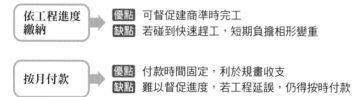

依工程進度繳納 ➡ **優點** 可督促建商準時完工
缺點 若碰到快速趕工，短期負擔相形變重

按月付款 ➡ **優點** 付款時間固定，利於規畫收支
缺點 難以督促進度，若工程延誤，仍得按時付款

各時期應付帳款

簽約前
訂金（斡旋金）
可先付部分，讓建商保留房型，細審買賣契約。

正式簽約
簽約金
正式簽約時繳付。

開工款
房屋正式動工時繳納，與訂金合稱「訂、開、簽」，三者總計約為總價的 10 ～ 15%。是預售屋的頭期款。

施工期間
工程款
按工程進度或按月繳交，約為總價的 10 ～ 15%。

過戶
尾款（交屋保留款）
為房屋總價 5%，須驗收無瑕疵，或有瑕疵但確認建商已修繕完成後，銀行才能撥款

驗收交屋
房屋貸款
建商領到使用執照後申辦，過戶後繳付。約為房屋總價的 70% ~80%。

如何檢查成屋買賣契約？

成屋通常是由地政士於簽約當時或預先擬定買賣契約，當事人要到簽約當天才會看到合約內容。因此，購屋者必須事先了解買賣契約的檢查重點，如權狀與謄本的登載內容是否相符，契約內容是否如協議等，才能為自己爭取最大權益。

買方	自然人	法人
簽約款	◎	◎
身分證影本、戶口名簿影本、戶籍謄本擇一	◎	
一般印章	◎	◎公司大、小章
印鑑證明及印鑑章		
公司變更登記事項卡正本		◎
營利事業登記證		◎
公司負責人之身分證明文件		
土地、建物權狀正本		
最近一期的房屋及地價稅單		
會議記錄		
其他	若需一併辦理貸款文件則需所得憑證、存摺、財力證明等	

簽約應備文件與物品

買方在簽約時所需物品相對簡單，但簽約完成後，買方需給付賣方購屋簽約款（又稱第一期款），金額約為總價的10％。若事前產權調查時便得知賣方曾有以房屋重複抵押的情形，便應要求賣方出具「抵押權塗銷同意書」或「債務清償證明書」等，以免房屋臨時遭到法拍或扣押。

賣方	自然人	法人
簽約款		
身分證影本、戶口名簿影本、戶籍謄本擇一	◎	
一般印章		
印鑑證明及印鑑章	◎	◎公司大、小印鑑、印鑑證明
公司變更登記事項卡正本		◎
營利事業登記證		◎
公司負責人之身分證明文件		◎
土地、建物權狀正本	◎	◎
最近一期的房屋及地價稅單	◎	◎
會議記錄		◎（股東出售）
其他	若需辦理自用住宅增值稅，則應攜帶戶口名簿影本或全戶戶籍謄本	

簽約前─確認土地、建物權狀與謄本

　　權狀與謄本是房子的身分證明，在簽約前應特別確認。但因賣方提供的土地、建物權狀，可供變造的空間較大，而由地政機關登錄資料的謄本則會隨時更新，兩者必須同時比對是否完全相符。

土地權狀與謄本的比對重點

土地謄本

土地權狀

列印與登記時間
1. 謄本的列印時間最好為簽約當日，以防臨時所有權轉移。
2. 權狀上的登記時間應與謄本「土地權利部」的登記時間相同。

確認所有權人身分
1. 權狀與謄本的所有權人相同，賣方應由屋主本人親自簽約或出具合法有效的授權書。

比對土地所在地號
1. 權狀的地段、地號、分區與謄本相符。若建物橫跨在多筆土地上，則每筆土地都應有各自的土地權狀。
2. 土地使用分區若為道路用地或其他公共設施保留地，政府可能會徵收。

確認土地權利
1. 謄本上「沒有」尚未塗銷的限制登記、優先購買權等事項。
2. 權狀的土地面積、權利範圍是否與謄本相符。

Info 合法有效之授權書

簽訂房屋買賣契約時，應由本人親自出面簽約，或有合法有效的授權書，其中必須詳載委任人、被委任人的個人資料、授權範圍，並經法院公證或所有權人親自簽名，加蓋「印鑑印章」，附印鑑證明及身分證影本。

建物權狀與謄本的比對重點

建物謄本

建物權狀

列印與登記時間
建物謄本的列印時間最好為簽約當日，以防臨時所有權遭到轉移。

確認所有權人身分
權狀上的所有權人姓名、身份證字號是否與謄本相符，賣方是否為屋主本人，或屋者的代理者有出具合法有效的授權書。

比對建物所在地號與建物資料
1. 權狀所登記地段、建號、權狀面積、附屬建物與共用項目是否與謄本相符，若建物橫跨多筆土地，則會顯示多筆地號。地號需與土地權狀謄本相符。
2. 確認建物用途是否一致。

確認建物權利
1. 謄本上有無顯示限制登記（假扣押、假處分）等尚未塗銷，或有優先購買權、重複抵押等情況。
2. 若有購買停車位，則權狀上應一併有停車位的產權資料。若為有獨立地號的增設停車位，則應另有獨立權狀。

簽約時—確認買賣契約（私契）

　　此時所簽的買賣契約又稱為「私契」，會登載實際的買賣金額與條件，也是買賣成屋時的核心依據。契約內容除了買賣協議外，最好也能將賣方所附的土地使用分區證明書、土地、建物權狀影本或登記謄本、共有部分附表、分管協議、規約等，均列為契約的一部分，以確保與買屋時的預期相符。另外，賣方在日後申報房地合一稅時，也需檢附此私契影本，要妥善留存。

如何檢查買賣契約

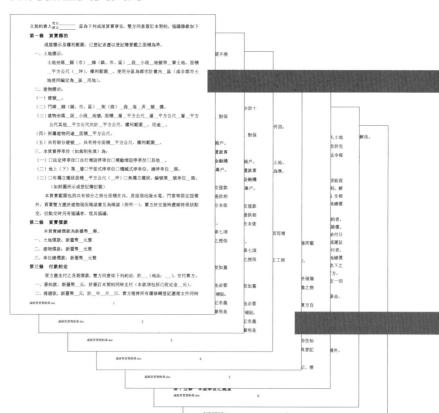

若無把握無論貸款高低，買房資金都無虞，最好協請賣方同意在契約上加註「若房貸金額未達多少，則買賣契約終止」的條款。

契約內容檢查重點
1. 確定簽約人身分為有權簽約之人且為本人。
2. 雙方簽章並寫明戶籍地址及身分證統一編號。
3. 詳閱「建物現況確認書」，將違建及冷氣、家具等附贈或加價購買的設備包含在內。
4. 如有「約定專用部分」，宜加以註明。
5. 清楚釐清如漏水等瑕疵擔保責任歸屬，若有「修繕保固」也必須詳錄在內。
6. 明訂停車位種類、規格、產權登記方式。
7. 寫交屋時間及方式，與約定期限讓購屋者驗屋及銀行進屋鑑價。
8. 詳載土地及建物設有他項權利之情形及處理方式。
9. 約定公契中申報日期及價格，此攸關稅費負擔。
10.　賣方應確保買方完整取得產權及使用權，並應擔保無任何價值、效用或保證品質上之物的瑕疵。
11.　若有加註「貸款不足幾成時，買賣契約則宣告解除」，應留該條款最好能限定為房貸，避免賣方或仲介要求購屋者用利率較高的信貸補足。若無法加註此條，也應明訂當買方房貸金額不足需取消契約時的賠償金額，使意外風險降至最低。
12.　稅費負擔需載明。

契約格式檢查重點
1. 契約書內的數字宜用國字大寫，以防變造。
2. 透過仲介買賣，契約應有合格不動產經紀人簽章。
3. 為保障契約審閱期，可要求立約生效日期在簽約後五天。
4. 文字更改處需雙方認章，騎縫處蓋騎縫章。

173

用印

為方便地政士後續辦理繳交稅費、辦理過戶流程。在完成簽約後，買賣雙方將印章、印鑑交予承辦地政士，由其在流程所需文件上完成用印。當此階段完成後，買方則需給付賣方第二期款。

委託地政士用印的主要文件種類

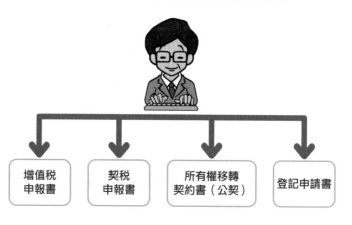

| 增值稅申報書 | 契稅申報書 | 所有權移轉契約書（公契） | 登記申請書 |

用印時的檢查重點

　　買方在「用印」階段，應檢查賣方所提供的印鑑證明與印鑑章是否相符。此外，與地政士間往來的款項、印章、文件都需確實簽收，避免因錯漏、遺失而產生延誤或爭議。

填寫所有權買賣移轉契約書（公契）

申報土地增值稅、契稅與土地登記時，地政士會準備一份依公告現值與房屋評定現值來計稅的「土地及建築改良物買賣所有權移轉契約書」，即所謂的「公契」。這與前面買賣雙方實際交易時，簽訂的「成屋買賣契約」（即「私契」），最大的不同在前者的稅金會比較低，但兩者都是合法的。

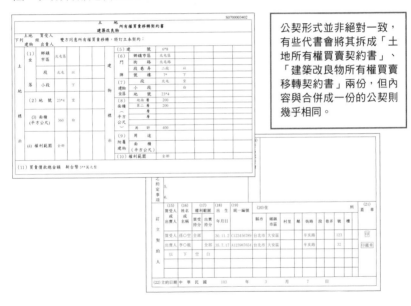

> 公契形式並非絕對一致，有些代書會將其拆成「土地所有權買賣契約書」、「建築改良物所有權買賣移轉契約書」兩份，但內容與合併成一份的公契則幾乎相同。

簽約、過戶流程　挑選地政士　履約保證　檢查預售屋契約　檢查成屋契約　用印　完稅　過戶

如何自行填寫公契

當自行填寫公契時需小心謹慎，字體應整齊美觀，最好能以電腦打字填寫，其中使用到的數字應依公文書橫式書寫數字使用原則填寫，如6億3456萬7890元。避免因不符規定，被地政或稅務機關反覆退件或求補正。萬一需要更改處，可直接畫掉增刪，並由買賣雙方在旁邊蓋章，不可用修正液或修正帶。若打算自行填寫時，可至各地政事務所下載契約書。

如何填寫所有權買賣移轉契約書？

為了過戶流程所需，公契需準備一式兩份，雙方均須用印。賣方需使用與印鑑證明相符的印鑑章，買方只需以便章用印即可。

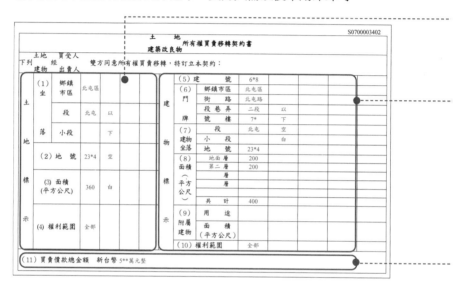

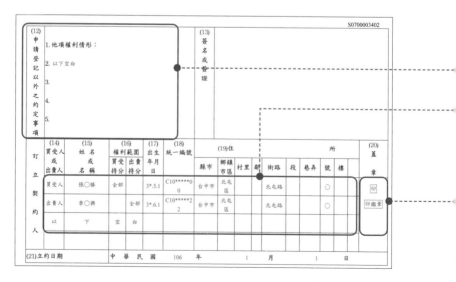

1. 填寫「土地標示」欄

須依土地權狀上的資料填寫（1）土地位置、（2）地號、（3）面積與（4）權利範圍。

2. 填寫「建物標示」欄

須依建物權狀上的資料填寫（1）建號、（2）建物門牌、（3）建物坐落、（4）面積、（5）附屬建物的用途與面積，以及（6）權利範圍。

3. 買賣價款總金額

公契上買賣金額並非真實交易的價格，而是以土地公告現值與房屋評定現值計算。當土地與建物的買賣公契為同一張，則「買賣價款總金額」為土地公告現值與房屋現值的加總金額。如土地與建物的公契分開處理，則其「買賣價款總金額」即為各自的公告現值或評定現值。

4. 他項權利

按土地及建物登記謄本上「他項權利部」的「權利種類」填寫。

5. 訂定契約人

買方及賣方的姓名、出生年月日、身分證字號以及住址。

6. 蓋章

買方可用便印，賣方則必須得使用申請過印鑑證明的印鑑章。

填寫土地登記申請書

到最後辦理所有權移轉的過戶階段，會需使用到土地登記申請書。一般為了方便起見，買賣雙方會在用印階段，就在地政士事先填寫好的土地登記申請書上用印，以備完稅時能盡快辦理過戶流程。買方需仔細填寫或檢查，避免不必要的錯誤。

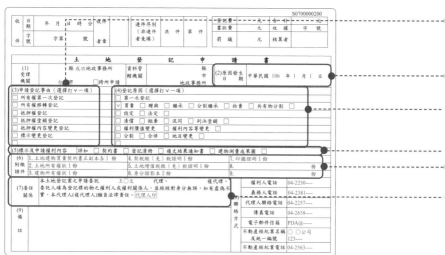

1. 申請登記事由
依登記原因勾選，若是買預售屋，則在「所有權第一次登記」打勾；若是買二手新成屋或中古屋，則在「所有權移轉登記」打勾。

2. 原因發生日期
也就是申請辦理過戶當天的日期。

3. 登記原因
若是買中古屋，在登記原因中的「買賣」項打勾；但若是買法拍屋，則在「拍賣」項上打勾。

4. 標示及申請權利內容
是指申請項目的詳細內容，通常是寫在契約書上。因此勾選「契約書」一項。

5. 附繳證件
將過戶應繳附證件填上，包括（1）土地建物買賣契約書正副本各1份；（2）土地所有權狀1份；（3）建物所有權狀1份；（4）契稅繳（免）稅證明1份；（5）土地增值稅繳（免）稅證明1份；（6）身分證影本印2份；（7）印鑑證明1份。

6. 委任關係
如果是委託代書或其他人辦理的話，則委託人必須依要求填寫並蓋章。

7. 申請人或義務人
權利人就是買方，義務人就是賣方，須填上買賣雙方姓名、出生年月日、身分證字號、住址等資料，並蓋印鑑章。若是請代書或其他人辦理，還須填上代理人的資料。

179

完稅

「用印」手續完成後，地政士會先向主管機關申請增值稅與契稅稅單等。核發後，地政士就會通知買賣雙方出面繳稅，買方並於同時支付第三期款項，此稱為「完稅」。

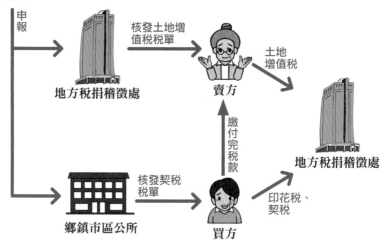

完稅流程表

地政士填寫的稅單申請書包括：
- 印花稅（買方）
- 契稅（買方）
- 土地增值稅（賣方）

完稅注意事項

1. 確認賣方有無欠繳房屋稅、地價稅。如果有，需於此時一併繳清。
2. 由於接著要辦理過戶，為保障賣方尾款收入（總價－目前已付款項）。買方需開立與尾款相同金額的商業本票，交由地政士或仲介保管。為避免本票遭冒領，買方要記得於支票背面寫下「指名禁止背書轉讓」。
3. 此時買方應確定貸款銀行，讓銀行可進行收件、審查、估價及對保等程序。若無法確定，小心賣方可因收款遲延提出催告而主張買方違約，因為怕過戶移轉確定了，自己卻收不到銀行撥款的風險。

如何繳交印花稅？

　　當房屋的買賣雙方向地政機關申請登記「公契」，會需要按照公契上登記買賣金額（即契價）的千分之一貼用印花稅票。至於雙方當事人另行訂定書面買賣契約（俗稱私契），因並非以該私契向地政機關申請物權登記，不屬印花稅課稅範圍，免貼印花稅票。

繳納方式

　　印花稅票長得很像郵票，面額從一元到兩百元不等。可在郵局、稅捐機關或指定銀行買到。若金額較大，可以選擇直到接稅捐機關辦理大額印花稅繳納，再將收據隨同契約書附上即可。

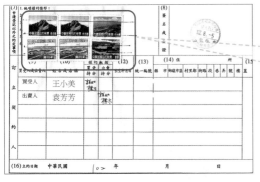

按規定，稅票需一張張貼在公契上，即「貼花」，稅票騎縫處並應加「印花」章，稱為「銷花」。這兩個手續都辦完才算是繳納完成。

大額印花稅不一定要把繳納憑證黏貼在公契上，只需在申請過戶時，附上繳納憑證的收據供稅捐人員查驗即可。

契稅

　　契稅是在房屋所有權移轉時所徵收的租稅,房屋所有權如因買賣、贈與、交換等原因而移轉,取得房屋所有權的人,就必須在自訂立公契起的三十日內,向房屋所在地的鄉鎮市公所申報繳納契稅。

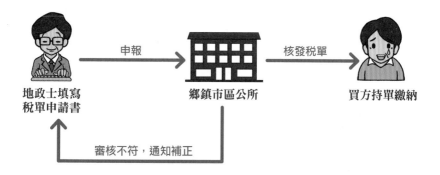

　　地政士填寫　　　　　鄉鎮市區公所　　　　　　買方持單繳納
　　稅單申請書

　　　　　　　　　審核不符,通知補正

契稅的計算方式

　　各稅務局對轄內房屋均會設定出房屋標準價格,做為課徵房屋稅及契稅的基礎,一般買賣、贈與契約的契稅稅率均為6%。其計算公式與稅率如下:

應繳契稅＝房屋的標準價格×適用稅率

 實例 小謝向賣方韓太太購買了一棟新北市的房屋,雙方在民國 103 年 1 月 15 日簽訂所有權買賣移轉契約,其房屋標準價格為 1,200,000 元,則:

納稅義務人:買方小謝
申請日期:103 年 2 月 13 日之前
申請機關:新北市公所
應繳契稅:1,200,000 × 6% ＝ 72,000 元

土地增值稅

　　土地增值稅（簡稱土增稅）是以原持有者從買進到賣出期間，土地公告現值的漲價數額為基礎課徵。按法律規定應由賣方負責繳交。但有些賣方會選擇以「賣清」為交易條件，要求買方提供費用。因此，土增稅對買方來說，也同樣是不可不知的重要稅額之一。

土地增值稅的計算方式

　　土地增值稅的稅額與土地的地段、現值、持有時間長短及使用情形相關，以往計算起來頗為複雜。也因如此，各稅務局網站大多都有提供試算功能，只要掌握有土地謄本的資料，就能試算稅額。

Step 1 申請該筆土地的土地登記謄本

Step 2 至各稅務局網站，輸入必要資訊試算

Step 3 取得預估的土地增值稅結果

您的土地前次移轉年月為 ：民國 98年3月

土地持有年限：20年以下

您的自用住宅用地應納稅額為→NT$1,208,019元

自用住宅用地應徵稅額＝土地漲價總數額 × 10%
NT$12,080,198元 ×10.0% ＝ NT$1,208,019元

若屋主使用自用住宅用地之特別稅率，會比一般稅率便宜的多。

過戶登記

辦妥完稅手續，將一切稅費繳清後，下一步就是到地政事務所辦理「所有權移轉登記」，也就是一般習稱的「過戶登記」。在台灣，不動產的登記具有絕對效力，完成登記，買方才有保障。

過戶登記流程

若買方有雇用地政士辦理過戶手續，則此階段會由地政士負責代勞，等到權狀發下來完成交屋，再送交買方。若沒有聘僱地政士，買方可按照下面所提供的流程自行辦理。

過戶登記 **4** 步驟部曲

備妥所需文件

1. 土地登記申請書。
2. 所有權移轉買賣契約書（公契）的正副本各一，正本貼有契價千分之一的印花稅票。
3. 賣方的印鑑證明。
4. 買賣雙方的身分證明文件。
5. 整理各項繳稅證明。
6. 土地或建物所有權狀
7. 若有其他法令規定應附文件。

前往地政事務所辦理登記

1. 申請所有權登記時，地政事務所會徵收契價千分之一的規費。
2. 地政事務所收件後，會發給案件收據。
3. 地政人員若核定無誤後，即會辦理所有權移轉登記，作業時間約需一到兩個星期。

Info 設定房貸抵押權多與過戶申請一併送出

買方若有貸款，通常會為了讓貸款核撥與過戶的手續在差不多時間完成。因此，會選採取過戶與貸款所必需的抵押權登記分別同時辦理，以防發生過戶完成但貸款不成、或抵押權未設定好銀行不撥款的狀況。

收到權狀

1. 經登錄、校對無誤後，地政人員會列印相關權狀並結案。
2. 買方需持案件收據與印章前往地政事務所領取權狀。

申請謄本確認

被通知土地與建物所有權狀已經下來後，買方稍晚即可申請土地與建物謄本，確認所有權是否已經移轉更新。

chapter 7

找到適合自己的房屋貸款

你可能只需花不到兩三個月就能搞定房屋買賣跟過戶的種種手續，但卻需花上二、三十年負擔數百萬元以上的貸款。因此，學會挑選適合的銀行、分辨各類貸款方案、還款方式，根據自身條件爭取優惠利率，都是第一次買房子的人需要多花心思認真比較之處。

本篇
教你

✓ 辦理房貸的流程

✓ 認識房貸種類

✓ 各種還款方式

✓ 如何爭取優惠利率與高成數？

✓ 如何申請貸款？

✓ 各種籌款管道

辦理房貸的流程

辦理房貸的流程會隨著你是購買預售屋或中古屋而有不同。一般來說，購買預售屋或新成屋時，可透過與建商合作的銀行集體辦理房貸，而中古屋則需由購屋者自行決定貸款銀行、洽談貸款方案。由於貸款牽涉金額極高，買方必須小心留意每個環節，避免出錯。

預售屋、新成屋	簽訂預售屋契約	建商領取使用執照
代辦	決定與建商合作的銀行辦理貸款，並簽妥「代辦貸款委託書」。	買方在收到建商通知後，準備辦理貸款所需的各項文件、證件，交付與建商辦理貸款。
自辦	買方向建商確認可自辦貸款。	買方在收到建商領取使用執照通知後的 20 日內，需將決定好自辦貸款的銀行告知建商。接著於 20 日內辦妥對保手續。

中古屋	申請貸款	銀行鑑價	核貸
	簽定買賣契約後，買方依據自身需求，從各家銀行中申請最適合自己的銀行與方案。	銀行的鑑價部門會實地走訪貸款房屋，再根據房屋條件與成交價，鑑定房屋的實際價值。	銀行根據房屋的價結果，配合申請人及保證人的基本條件、還款來源等，決定是否核准貸款與貸款金額。

預售屋與中古屋房貸流程比較

　　從簽訂預售屋契約到建商領取使用執照，通知買方開始辦理貸款間，通常會隔上一到三年，買方可慢慢尋找是否有更好的貸款方式。但中古屋買方的貸款流程卻相形緊迫許多。買方應在決定購屋時，就開始留心貸款資訊，才有充裕的時間挑到最適合的貸款方案，從容不迫地完成貸款。

房貸流程

挑選銀行

優惠房貸

貸款方案

還款方式

申請文件

爭取優惠

籌款管道

撥放貸款

辦理對保	放款
買方再次確認還款規定、利率、撥款時間等。並於被通知辦理貸款的 20 日到一個月內完成對保手續。	一般當房屋過戶且抵押權設定完成後，買方貸款的金額就會撥入履約保證帳戶中。

買方可向建商詢問，並爭取先由建商代辦，若日後有更好的貸款方案，建商可配合改為自辦貸款。

對保	設定抵押權	放款
房貸核准後，借款人需「親自」到銀行，以所購房屋為擔保與銀行簽訂借款契約。並同時開立帳戶，以便日後撥款、繳款。	撥款前，需將房屋抵押權的第一順位設定給貸款銀行，其設定金額為貸款金額的 1.2 倍。	設定好抵押權並完成房屋保險後，銀行會於撥款當天再向貸款人確認無誤，始可撥放貸款。

如何挑選貸款銀行？

市面上能提供房屋貸款服務的大小銀行非常多，購屋者不可能跟所有銀行一一深入洽談再決定。因此，購屋者必須事先篩選出幾家適合自己的銀行名單，再前往諮詢，申請房貸才能省時省力。

分析銀行條件找到適合銀行

選擇貸款銀行時，購屋者不只需考慮利率高低，也得考量與銀行的往來關係，貸款方案是否符合需求與服務態度，綜合決定出適合的貸款銀行。

Point 1 與銀行的往來關係

銀行會提供往來關係密切、信用良好的客戶較優惠的貸款條件，包括減收房貸開辦費（又稱帳戶管理費）、貸款額度較高與核貸速度較快等。

Point 2 貸款方案與成數

政府的優惠房貸通常會限定在特定幾家銀行開辦，有意申辦的購屋者，就只能從中擇一辦理。此外，不同類型銀行願意承做的貸款成數高低偶有不同，購屋者可依自身狀況，優先考慮適合的銀行。

貸款條件

公股銀行　嚴　━━━━━━━━━━━━━━━━━━　鬆　民營銀行

 Point 3 銀行的服務與規模

　　房貸的種類、規定都很複雜，服務態度好、對行員專業要求高的銀行，較能替購屋者清楚解答各種問題。同時，若銀行本身的規模較大、分行眾多，購屋者辦理貸款或後續繳款、聯絡時會方便不少。

服務據點

小型民營銀行　少　━━━━━━━━━━━━━━━━　多　公股銀行

服務態度

公股銀行　冷淡　━━━━━━━━━━━━━━━━　熱絡　民營銀行

Point 4 利率高低與變動頻率

　　利率會直接影響到貸款者付出的利息高低。購屋者必須初步了解利率走向，才不致錯失較好的利率條件，利率上升時也才有所準備。

起始利率

公股銀行　低　━━━━━━━━━━━━━━━━　高　民營銀行

利率波動度

公股銀行　低　━━━━━━━━━━━━━━━━　高　民營銀行

Info 除了銀行以外的房貸管道

近年來，愈來愈多的保險公司也承做房貸，讓購屋者除了向銀行貸款外，也多一個房貸管道。與一般銀行相較，由於保險公司較不受到央行影響，對貸款利率跟貸款人條件的彈性也較高。但相對的，保險公司的房貸方案通常限制較多，較適合純粹自住的購屋者。

房貸流程

挑選銀行

優惠房貸

貸款方案

還款方式

申請文件

爭取優惠

籌款管道

撥放貸款

政府優惠房貸有哪些？

針對無殼蝸牛或軍、公、教人員，政府有推行一些優惠房貸方案，但其身分、額度、還款年限的限制也較嚴格。若購屋者的條件符合，將可以節省不少利息開支。

青年安心成家購屋優惠方案（2022 年）

此方案是專為鼓勵年輕人購屋所設，不分單身或已婚，只要借款人符合民法規定之成年年齡以上，且本身或其配偶、未成年子女名下均無自用住宅即可申請。但此方案的貸款成數最多為成交價的八成，額度最多為每戶800萬元。

貸款年限 最長 30 年，寬限期最多 3 年，必須本息平均攤還。

購屋限制 貸款房屋需為申請前 6 個月起購買之房屋，年收入不列入申請門檻，但承做銀行會依年收入試算可貸款金額。可與內政部「自購住宅貸款利息補貼」方案一同申辦。

申請方式 符合申貸條件者，至承做銀行辦理一般房貸流程。

利率計算 三種利率任選，選定後不可更改：
1. 一段式機動利率：郵局 500 萬以下 2 年期定儲機動利率固定加 0.555% 機動計息（目前為 1.525 %）。
2. 二段式機動利率：前兩年按基準利率固定加 0.345% 機動計息，第三年起固定加 0.645% 機動計息。
3. 混合式固定利率：前 2 年採固定利率，第 1 年按「撥貸當時」郵儲機動利率固定加 0.525% 固定計息，第 2 年按「撥貸當時」郵儲機動利率固定加 0.625% 固定計息，第 3 年起按郵儲機動利率固定加 0.645% 機動計息。

即便計畫申請「青年安心成家優惠方案」，只要條件符合，仍可同時再申請「住宅補貼方案」。

房貸流程

挑選銀行

優惠房貸

貸款方案

還款方式

申請文件

爭取優惠

籌款管道

撥放貸款

自購住宅貸款利息補貼

此方案主要是補貼購置住宅者部分利息支出的優惠房貸，雖然額度只有210～250萬元不等，對申請人的條件限制也較多，但利息相對較低。若屬於經濟較弱勢的低收入戶、單親、原住民或65歲以上老人等，利息還會有額外的優惠。

貸款年限 最長 20 年，最多可享有 5 年的寬限期。

利率計算 採指數型一段式利率。第一類民眾*可按郵局二年期定期儲金機動利率固定減 0.533% 機動調整。其餘符合申請條件，但未具第一類身分的申請人，則按郵局二年期定期儲金動利率固定加 0.042% 機動調整。

申請條件 1. 中華民國國民在國內設有戶籍，且符合下列年齡限制之一：
(1) 已成年。(2) 未成年已結婚。(3) 未成年，已於安置教養機構或寄養家庭結束安置無法返家。
2. 家庭成員住宅持有狀況符合下列條件之一即可：
(1) 家庭成員均無自有住宅。
(2) 申請人持有、其配偶持有或其與配偶、同戶籍直系親屬、配偶戶籍內直系親屬共同持有之二年內自購住宅並已辦理貸款，且其家庭成員均無其他自有住宅。
3. 應符合住宅補貼對象規定之所得及財產標準。

申請方式 在政府公告期間，備妥申請書與相關文件，以掛號郵寄或送至申請人戶籍所在的縣市主管機關申請。審核通過後，可持補貼證明到貸款銀行辦理。

* 第一類民眾是指經主管機關認定符合下列條件之一者：
1. 低收入戶或中低收入戶 2. 特殊境遇家庭 3. 育有未成年子女三人以上（限申請人）4. 於安置教養機構或寄養家庭結束安置無法返家，未滿二十五歲（限申請人）5. 六十五歲以上（限申請人）6. 受家庭暴力或性侵害之受害者及其子女 7. 身心障礙者 8. 感染人類免疫缺乏病毒者或罹患後天免疫缺乏症候群者 9. 原住民 10. 災民 11. 遊民 12. 因懷孕或生育而遭遇困境之未成年人（限申請人）。

* 家庭成員指下列經直轄市、縣（市）主管機關審認者：
1. 申請人 2. 申請人之配偶 3. 申請人之戶籍內直系親 4. 申請人配偶之戶籍內直系親 5. 申請人或其配偶孕有之胎兒 6. 申請人父母均已亡，且其戶籍內需要照顧之未成年或身心障礙兄弟姊妹。

軍、公、教人員的購屋優惠貸款

軍、公、教人員的收入穩定是許多銀行心目中優質的貸款客戶，同時軍、公、教人員為爭取福利，也會跟銀行合作洽談優惠房貸，是目前市面上最優惠的房屋貸款方案。

「全國公教員工房屋貸款」（築巢優利貸）

目前政府雖然不再額外補助公教人員的購屋貸款，但原公務人員住宅及福利委員會（簡稱原住福會），仍會每年公開遴選利率最優惠的金融機構承做。

貸款年限 最長 30 年，寬限期最長不超過 5 年。

利率計算 按郵局二年期定期儲金機動利率加 0.465% 機動計息。

申請條件 1. 中央及地方各機關、公立學校及公營事業機構編制內員工（不含軍職及約聘僱人員）。
2. 提供本人或其配偶之不動產設定第一順位抵押權予銀行做為擔保（共購不動產僅限定本人與其配偶）。

申請方式 直接向承做銀行提出申請。

國軍貸款優惠專案

軍人貸款專案由「國軍同袍儲蓄會」代為轉介 4 家國內銀行的貸款方案，包含合作金庫、台灣銀行、土地銀行、台新銀行等，讓國軍能以較低利率貸款購屋。

貸款年限 最長 30 年。

利率計算 按郵局二年期定期儲金機動利率加 0.675% 機動計息。

申請條件 1. 現役志願役及行政院海岸巡防署官士兵及軍方編制內約、聘僱人員。
2. 需以本人、配偶或直系親屬之土地及建物做為擔保品申請本貸款。

申請方式 透過主計局財務中心、國軍同袍儲蓄或各地區財務單位擇一申請。並在當地財務單位直接與貸款銀行的承辦人員洽談後，辦理對保。

選擇適合自己的貸款方案

挑選貸款方案應從買方自身著手，包括購屋者對未來利率走向的看法、有無資金運用上的特殊需求等。各大銀行為符合不同取向的購屋者，設計出各種貸款方案。買方應仔細研究清楚再做決定。

根據利率走向決定貸款方案

利率走向與購屋者的荷包息息相關。因此，購屋者在選擇貸款方案時，需同時判斷利率走向。當房貸按利率波動方式來區分時，可分成「指數型」與「固定型」。其中「指數型」又可區分成「一段式利率」與「多段式利率」，

房貸類型	說明		適用時機
指數型	1. 　　　隨著基準利率上下浮動的利率。 2. 　　　每當利率調升時，此一指標利率也會隨之上揚。	**一段式利率** 房貸利率會隨市場變化，但加碼幅度不變	未來利率走向偏低時有利
		多段式利率 房貸利率初期較低，但後期會逐漸增高	適合購屋初期資金較不寬裕或需靈活運用的人
固定型	1. 　　固定式的利率。 2. 　　不受利率上漲影響。		可以掌握每月須繳交之房貸本息多寡，有效規劃每月的財務收支。

房貸流程

挑選銀行

優惠房貸

貸款方案

還款方式

申請文件

爭取優惠

籌款管道

撥放貸款

適用不同資金需求的貸款方案

房屋的貸款方案不只可用利率區分，也可以不同資金需求區分。目前市場上的房貸商品形形色色。近年來，以房屋做為資產證明的「理財型房貸」、與壽險相結合的「保險型房貸」，跟能用存款節省利息開支的「抵利型房貸」，都分別受到有不同資金需求的貸款人歡迎。

房貸類型	說明	特色
理財型	1. 以房屋為擔保品，取得一個循環透支額度，資金調度運作上可靈活運用。 2. 需維持定期償還，信用良好。 3. 可隨借隨還，申貸額度較高。	適合需要資金運用者，但利率往往比一般房貸至少高出1至2%。
保險型	1. 與保險結合的房貸產品。 2. 若承貸戶意外身故，則等同於房貸金額的保險理賠金，將優先作為清償房貸之用。 3. 避免不動產因無法按時繳交本息，而遭銀行收回。	適合身為家中經濟主要來源者，但需另交一筆保費；其實將房屋脫手亦可應付突發狀況。
抵利型	1. 房貸戶以存款利息折抵房貸本金。 2. 存摺中有多少存款，則房貸的多少金額不用支付利息。	最大的好處，就是當承貸戶在有需求的時候，仍可動用此一存款。適合利率低時銀行有大筆存款之人。

選擇適合自己的還款方式

還款方式的不同關係著每月繳款金額的多寡，也關係到二、三十年下來所繳付的總金額多寡，與家庭的財務規劃息息相關，借款人比須精打細算，好好比較。

適用不同人的三種還款方式

該選用哪種還款方式，不只與貸款者的收入曲線相關，也與承擔壓力的能力相關。好的還款方式不是一味急著還錢，也不是一味拖著不還，而評估自己的長期收入後，選擇相對起來有效率，但又不致影響生活的還款方式。

本金 V.S 利息

● 本息平均攤還法

每月給付固定金額繳交本金與利息。

優點 強迫自己償還本金，利於財務規劃。

缺點 整體利息支出較高。

適合對象 初期預算有限，但想償還本金者。

● 本金平均攤還法

每月償還固定本金與當月貸款餘額的利息。

優點 利息會隨貸款餘額降低而變少，整體支出較少。

缺點 初期還款壓力較大。

適合對象 適合預算夠，不想多付利息的人。

● 寬限期

前幾年只繳利息，等寬限期過後再以本息平均攤還的方式繳納。

優點 經濟上的緩衝時間較長。

缺點 寬限期過後還款壓力大增，且需多付利息。

適合對象 預算緊迫，剛交屋後需要用錢，較無餘裕者。

房貸流程

挑選銀行

優惠房貸

貸款方案

還款方式

申請文件

爭取優惠

籌款管道

撥放貸款

實例 不同還款法比一比

小易向銀行貸款 800 萬元，利率 2%，期限 20 年。想比較當採用本息平均攤還法、本金平均攤還法或寬限期等方式還款時，其分別首月繳款、末月繳款以及總繳款金額有何差異？

三種還款方式的各期金額 ■利息 ■本金

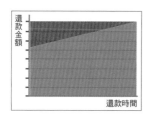

本息平均攤還法（元）

最初月還款 40,471 ⟨優⟩
最末月還款 40,386
還款總額 9,712,955

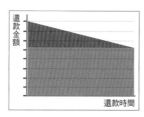

本金平均攤還法（元）

最初月還款 46,666
最末月還款 33,469 ⟨優⟩
還款總額 9,606,682

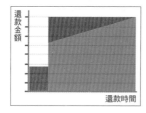

寬限期＋本息平均（元）

最初月還款 13,333 ⟨優⟩
寬限期結束首月還款 46,292
最末月還款 46,233
還款總額 9,923,497

比較
結果

1. 從償還總金額來看，以本金平均攤還法最為划算。
2. 從初期壓力來看，以寬限期＋本息平均攤還壓力最輕。
3. 從整體壓力來看，以本息平均攤還壓力最平均。

根據自身條件決定還款方式

一般來說，當收入不穩定時，該盡量避免馬上承擔過高的還款壓力，寧可降低每月還款門檻，行有餘力時再多還本金。相對地，如果本身經濟穩定，可給自己一定的還款壓力，以清償做為目標。

從事保險業務的小王打算與剛出社會的女友購屋結婚。但小王每月的底薪較低，但預期兩、三年後收入會大幅上升，女友的薪水也會逐漸穩定。

> **Point** 目前每月固定收入較低，但預期未來收入會大幅上升，轉趨穩定。

> **整體選擇** 應選擇寬限期，並將寬限期間設定在三年左右。可只先需支付些許利息，降低當下經濟壓力。稍晚有能力時，再還本金與利息。

小謝夫妻都在公家機關工作，薪水雖無大漲，但也隨年資穩定增加。由於兩人計畫生子，需穩定規畫家庭支出，避免財務壓力過大。

> **Point** 目前每月收入穩健，但偏好較保守的家庭支出規畫。

> **整體選擇** 可選擇二十年或三十年的本息攤還型房貸，固定扣款，一定基期就能將房貸還清，屬多數人合適的房貸類型。

新婚不久的阿博與小莉都是在私立醫院工作的醫生。雖然生活極其忙碌，但待遇比一般人高出許多。二人因無暇理財，決定趕快購屋自住，藉此強迫自己存錢。

> **Point** 目前每月固定收入高，期望還房貸來逼迫自己存錢。

> **整體選擇** 二人收入高而穩定，可考慮用本金平均攤還法，先期雖然支付的房貸較多，但後來愈形輕鬆，且能節省不少利息支出。

Info 決定貸款方案前，需先問清楚提前還款的規定

無論是哪種還款方式，一般都允許貸款者提前償還本金。但若還款時間太快，例如想在三年內清償，就可能會需繳交違約金。各家銀行的詳細規定不同。在申請貸款時就應確認清楚貸款銀行對提前還款的規定。

房貸流程

挑選銀行

優惠房貸

貸款方案

還款方式

申請文件

爭取優惠

籌款管道

撥放貸款

申請貸款時的準備文件

銀行的房屋貸款有一定的申請流程，首購族在申請前先對應備文件及流程基本的認識，可以節省更多寶貴的時間。

依照申請房貸流程準備文件

申請貸款跟對保時所需文件、證明不少，貸款者應要提前準備好。特別是若有打算申請優惠貸款，更要及早準備該優惠貸款所需的證明文件。

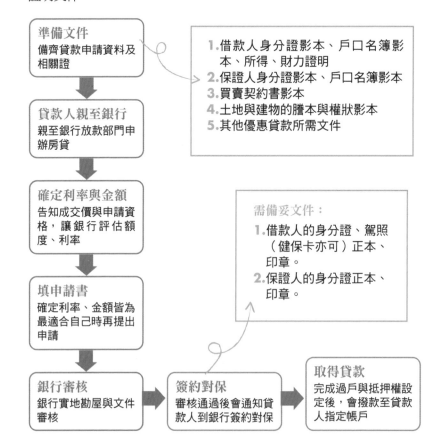

準備文件
備齊貸款申請資料及相關證

1. 借款人身分證影本、戶口名簿影本、所得、財力證明
2. 保證人身分證影本、戶口名簿影本
3. 買賣契約書影本
4. 土地與建物的謄本與權狀影本
5. 其他優惠貸款所需文件

貸款人親至銀行
親至銀行放款部門申辦房貸

確定利率與金額
告知成交價與申請資格，讓銀行評估額度、利率

需備妥文件：

1. 借款人的身分證、駕照（健保卡亦可）正本、印章。
2. 保證人的身分證正本、印章。

填申請書
確定利率、金額皆為最適合自己時再提出申請

銀行審核
銀行實地勘屋與文件審核

簽約對保
審核通過後會通知貸款人到銀行簽約對保

取得貸款
完成過戶與抵押權設定後，會撥款至貸款人指定帳戶

如何爭取貸款優惠？

面對如今房價的「高高在上」。對第一次購屋者來說，若打算積極節省利息支出，並降低自備款比例，「貸款成數」與「利率」就成為爭取優惠的重點。

如何爭取貸款額度

　　銀行是以房屋價值與貸款者的信用來決定可貸金額。一般貸款成數多為市價的七成。但若購屋者所需貸款額度較高，也可藉由下列方法提高貸款額度。

方法 1 提高所購房屋的貸款條件

　　當購買的房屋地點佳、環境好、轉手性強時，一般銀行給的貸款成數通常較高。但若屋齡太舊或屬於坪數不足的小套房、有法律疑慮的夾層屋、工業住宅等，核貸成數甚至可能不到六成。

方法 2 多跑幾家銀行諮詢

　　如果早就知道所購房屋的貸款條件不佳，則應提早開始尋找往來較多，或較願意承擔風險的銀行。但此時利率多半會因而較高。

找銀行諮詢的訣竅
★民營銀行較會為了賺取利息，承擔貸款額度較高的風險。
★透過仲介或代書介紹相熟的銀行，較有機會爭取額度。

方法 3 加強貸款人的還款信用

　　儘管房屋條件可能不盡完美，但若貸款者的還款能力值得銀行信賴，仍然有可能爭取到一定金額。可在與銀行接洽時，針對此點加強準備。

還款信用的加分訣竅
★夫妻購屋時，以財務條件較佳者為貸款人。
★主動提出增加一般保證人或足額的擔保品。

房貸流程

挑選銀行

優惠房貸

貸款方案

還款方式

申請文件

爭取優惠

籌款管道

撥放貸款

找出優勢條件，爭取優惠利率

當貸款人條件良好，讓銀行無須擔心放出的貸款會變呆帳時，大部分的銀行會願意在利率上有些許退讓來爭取此筆交易。購屋時，貸款人各角度的財務條件如果愈完備，愈有機會談到更優惠的利率。

優質貸款人的財務條件

☐1. 長期還款能力

　　銀行會希望貸款人工作穩定，沒有失業風險。因此大型企業、國營機構或軍公教人員，在這方面通常相對具優勢。

☐2. 具強而有力的財務證明

　　這是降利率最有力的條件，當貸款人年收入破百萬，銀行不擔心貸款人還不出錢。若還有200萬元以上的存款或基金、股票等資產證明，更能加強調降利率的談判籌碼。

☐3. 往來已久，信用良好

　　銀行會給好客戶優惠。因此，平時應保持跟幾家銀行密切往來，若持有信用卡，更該保持良好的還款記錄。此外，貸款人通常有機會跟自己薪轉戶的銀行談到優惠利率。

☐4. 名下貸款乾淨無虞

　　申請貸款前應先處理好自己名下的信用貸款及信用卡卡費等，避免讓銀行覺得有入不敷出的疑慮。

儘管決定貸款銀行前可以多諮詢比較。但到正式申請時，還是只能以兩家銀行為上限，避免讓人誤會自己可能是信用不佳才需到處申請。

爭取優惠利率的談判訣竅

□1. 透過大型房仲或代書介紹貸款銀行
借助他們長期經營的合作關係，多可爭取到較優惠
的利率與貸款成數。

□2. 找襄理級以上的資深人談條件
資深人員的經驗較豐富也較有威信，能替幫客戶爭
取較佳的條件。

□3. 貨比三家不吃虧
同一間房子、同一個貸款人，在不同銀行的貸款結
果往往也不同。貸款者不妨多找幾家銀行，積極比
價談判。

□4. 若為賣屋換屋時，將貸款交由原貸款銀行承做
當買方是採取賣屋籌措資金換屋時，勢必需要還清
既有貸款。承做舊屋貸款的銀行也會損失一些利息
收入。此時，不妨可藉此向銀行提出會繼續在同家
銀行申請新的房屋貸款，來要求銀行降低利率。

Info 夫妻購屋時該以誰為貸款人？

一般來說，貸款人與房屋的所有權人都會是同一個人，銀行核貸時也最放心。但
大多數銀行則會將夫妻視為共同體，當夫妻購屋時，即便房屋在其中一方的名下，
只要擁有房屋所有權的一方願意以名下房屋做為貸款的擔保品，另外一方就能擔
任這筆房屋貸款的貸款人。因此，夫妻購屋時，可選擇以貸款條件較好的人做為
貸款人，另一方則同意以房屋為擔保品，並擔任借款的保證人，即可向銀行爭取
更好的貸款條件。

房貸流程

挑選銀行

優惠房貸

貸款方案

還款方式

申請文件

爭取優惠

籌款管道

撥放貸款

貸款不足時怎麼辦？

萬一碰到自備款或貸款成數不足，買方又已經簽下缺乏保障的買賣契約，或金額只差一點點時，買方該如何是好呢？除了房屋貸款外，買方尚有可能從其他管道來籌措貸款。

向存有資產的金融機構質借

要是須補足部分貸款時，手頭卻剛好較緊，一時沒有能接應上的款項，買方可考慮向保險公司或存款銀行質借金額補足貸款。

保單質借

若貸款者保有年金險、儲蓄險、壽險等會累積「保單價值準備金」的險種，就可視情況向保險公司申請「保單借款」。

借款條件	保有壽險、年金險、儲蓄險、分紅險等特定險種，並繳交保險費一年以上而累積有保單價值準備金
還款期限	沒有一定的還款期限，但借款的本息超過「保單價值準備金」時，保險契約就會隨之喪失效力。
利率區間	視保單的預定利率不同，約為 2.7% ～ 6.75%。
貸款額度	一般為保單價值準備金的六到八成左右。

定存質借

如果貸款只差一點，但薪水或獎金又還沒下來。可選擇以自己定存單為擔保品向銀行借錢。定存質借的利息並不高，往往比把定存解約更划算。

借款條件	以定存單為擔保，向存款銀行借款。
借款條件	定存單到期日前。
利率區間	定存利率加 1.5% ～ 2%。
貸款額度	定存單的八到九成左右。

房貸流程

挑選銀行

優惠房貸

貸款方案

還款方式

申請文件

爭取優惠

籌款管道

撥放貸款

其他管道

　　除了以自己的資產為擔保品借款外，還有一些其他的借款方式。但相對來說，利率跟風險較高，或是得看人臉色。

信用借款 好信用才有好利率

以信用為擔保，無需其他抵押品，但是利率多半較高。借款時，需準備工作證明，與還有一定時間的薪資證明。若信用與薪資都在水準之上，有機會談到較低的利率。

利率範圍	年利率 3%～ 20%
注意事項	借款前，先評估自己的信用狀況

向親友借貸 人情壓力大，白紙黑字免糾紛

還款較有彈性，但人情壓力大，借款前一定要先把利息、還款期限說清楚，甚至可簽一張本票做憑證，以避免日後的糾紛。

利率範圍	雙方同意即可，通常較低
注意事項	切莫因為是親朋好友，就忽略晚還

標會 法律保障低，小心倒會風險

正式但常見的籌錢管道，如果日後倒會了，錢全數拿回來機會不大。跟會或起會時，都要找有穩定工作收入且信用紀錄良好的人當會腳，降低倒會風險。

利率範圍	視跟會人數與會錢而定
注意事項	會腳太多的會，倒會的風險也較高

並非所有險種均能以保單質押借款，如醫療險防癌險及意外險是無法貸款的。

貸款的撥放方式

當過戶完成,也將抵押權登記順利設定給銀行。貸款者接下來就得關心銀行會如何播放貸款,以付清其餘房屋尾款。若貸款者是先有設定履約保證,則房貸的撥放方式也會有所不同。

房貸的撥放方式

透過銀行的房屋貸款

Step 1
買方向銀行申請貸款
(優惠房貸+一般房貸)

Step 2
買方貸款銀行通知
買方即將撥款

Step 3
買方貸款銀行優先清償賣方
積欠原貸款銀行的餘額。當有餘款時則
可視有無履約保證分成以下兩種情況。

情況① 無履約保證

Step 4
清償後的餘款撥入買方帳戶

Step 5
由買方自行給付購屋的餘款

情況② 有履約保證

Step 4
清償後的餘款撥入履約專戶

Step 5
餘款扣除相關費用後,匯入履約專戶

Step 6
交屋後,履約專戶將最終餘額匯還給賣方。

無論是信用貸款或保單借款等，都只是解一時燃眉之急。若不足的金額實在太大，買方也應認真考慮放棄購買。

貸款不足時的其他資金

- 向投保的保險公司以保單擔保質借，或是向定存的銀行以存單質借
- 向親友借款
- 向銀行或金融機構申請信用貸款

補足購屋款

借款匯入買方帳戶

補足購屋款

房貸流程

挑選銀行

優惠房貸

貸款方案

還款方式

申請文件

爭取優惠

籌款管道

撥放貸款

chapter 8

歡喜交屋

許多人費盡心思才買到理想中的房子，卻在交屋時太過草率，事後才發現吃虧。交屋、驗屋時除了要細心與耐心外，更要不怕當「奧客」，一切細節決不馬虎，以免入住後發現瑕疵，後悔莫及。

本篇教你

✓ 弄清楚交屋流程
✓ 認識土地與建物權狀
✓ 如何正確驗屋
✓ 交屋常見的糾紛

交屋流程

交屋是對房屋的屋況與產權做最後確認,尤其馬虎不得。在交屋與驗屋前,一定要先詳列好點交事項與驗屋清單,讓自己能有條不紊地照表詳查,並記得驗屋時間至少要保留三小時以上,以防臨時有問題。

實質交屋與產權交屋

　　一般交屋流程會包含兩部分,一是實際點交房屋,即所謂的「驗屋」,二是點交跟房屋產權相關的種種文件資料與鑰匙,也稱為「行政交屋」。預售屋的交屋花費時間較久,從幾天到近一個月都有可能。而中古屋因購屋前能事先看屋,交屋時間通常從三十分鐘到至多三小時之間即可完成。

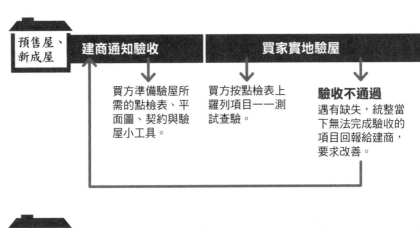

預售屋、新成屋	建商通知驗收	買家實地驗屋

買方準備驗屋所需的點檢表、平面圖、契約與驗屋小工具。

買方按點檢表上羅列項目一一測試查驗。

驗收不通過
遇有缺失,統整當下無法完成驗收的項目回報給建商,要求改善。

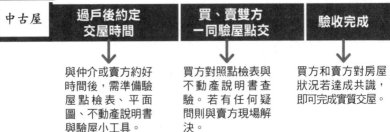

中古屋	過戶後約定交屋時間	買、賣雙方一同驗屋點交	驗收完成

與仲介或賣方約好時間後,需準備驗屋點檢表、平面圖、不動產說明書與驗屋小工具。

買方對照點檢表與不動產說明書查驗。若有任何疑問則與賣方現場解決。

買方和賣方對房屋狀況若達成共識,即可完成實質交屋。

買方驗收預售屋並無次數限制，也很少建商能一次修復全部疏漏。買方寧可驗屋時多吹毛求疵一點，也好過交屋後產生糾紛。

驗收完成	移交文件、贈物及房屋	完成交屋
買方確認房屋所有瑕疵均獲得解決，並逐項與建商確認清楚。	檢查權狀與謄本，點交所有房屋資料、建商答應附送的裝潢、家電等贈品。	繳清交屋保留款。開始裝潢、布置，準備歡喜搬新家！

結清尾款與規費	移交文件、鑰匙	完成交屋
買方確認賣方繳清交屋日前的稅費、規費後，結清交屋尾款與代書費。	買方點交收下該保留的權狀、房屋資料與鑰匙、門禁卡等。	買方結清仲介費。開始裝潢、布置，準備歡喜搬新家！

出發交屋前，
先認識土地、建物權狀

雖然地政士完成過戶流程後，會通知買方已領回土地與建物權狀。但買方一般要到驗屋、交屋的手續完成，土地與建物權狀才會連同房屋鑰匙、稅費交接清算單等一併領回。因此，買方在交屋前，必須先對權狀有認識，現場才能一一核對。

認識土地權狀

1. 所有權人
登記名稱應為新的屋主

2. 土地坐落／地號
土地所在的地段及地籍編號

3. 面積
該建物土地的總面積

4. 權利範圍
也就是你所買房屋包含的土地面積占土地總面積的比例。

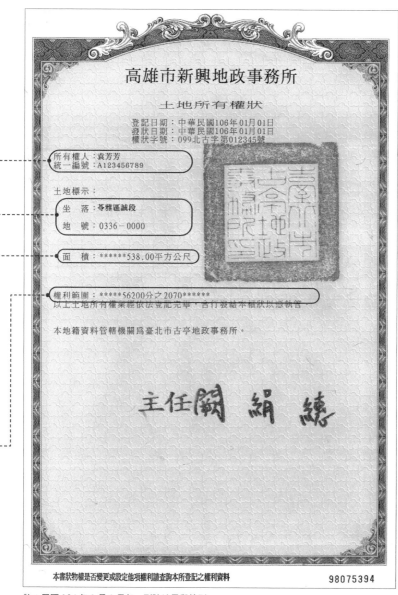

高雄市新興地政事務所

土地所有權狀

登記日期：中華民國106年01月01日
發狀日期：中華民國106年01月01日
權狀字號：099北古字第012345號

所有權人：袁芳芳
統一編號：A123456789

土地標示：

坐　落　苓雅區誠段
地　號　0336－0000

面　積　******538.00平方公尺

權利範圍：*****56200分之2070******
以上土地所有權業經依法登記完畢，合行發給本權狀以憑執管

本地籍資料管轄機關爲臺北市古亭地政事務所。

主任關　絹　綉

本書狀物權是否變更或設定他項權利請查詢本所登記之權利資料　98075394

註：民國 106 年 1 月 1 日起，刪除地目與等則。

交屋流程　認識權狀　預售屋點交　中古屋點交　驗屋糾紛

213

認識建物權狀

建物權狀的項目較多，必須一一仔細確認，以免有意外疏漏。

1. 所有權人
登記名稱應為新的屋主

2. 這是買方所購房屋的建築樓層資料，內容包括
1.建物坐落／地號
2.門牌號
3.建築完工日期
4.主要建材
5.主要用途
6.建物層數
均須與原先簽約時的內容相符。

3. 這部份是買方所購的建物資料，內容包括
1.層次
2.總面積與各附屬建物或共用項目面積
3.權利範圍等。
若買方為完整持有並無和其他人共同持有建物，此處會寫為1分之1。

4. 基地號
該建築物所在的土地地段及地號，通常和土
地所有權狀的地號相同。

5. 共同使用部份
就是該建築的所有公共設施總面積及買方所持有的權利範
圍。若該部分有很多建號，將個別建號面積乘上所有權利
範圍的總和，就是買方所擁有的公設面積。

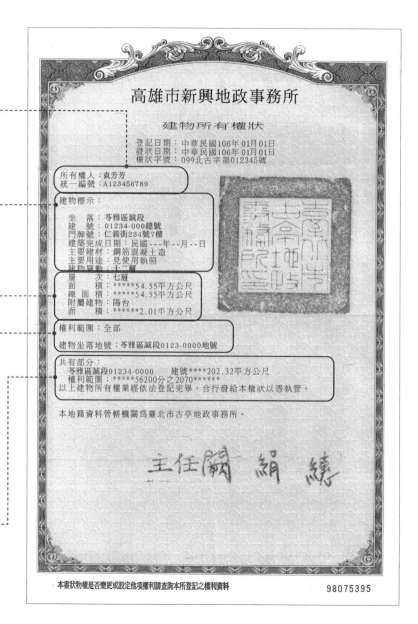

高雄市新興地政事務所

建物所有權狀

登記日期：中華民國106年01月01日
發狀日期：中華民國106年01月01日
權狀字號：099北古字第012345號

所有權人：袁芳芳
統一編號：A123456789

建物標示：

坐　　落：苓雅區誠段
建　　號：01234-000建號
門牌號：仁義街234號7樓
建築完成日期：民國---年--月--日
主要建材：鋼筋混凝土造
主要用途：見使用執照
建物層數：十二層

層　　次：七層
面　　積：****54.55平方公尺
總 面 積：*****54.55平方公尺
附屬建物：陽台
面　　積：******2.01平方公尺

權利範圍：全部

建物坐落地號：苓雅區誠段0123-0000地號

共有部分：
　苓雅區誠段01234-0000　　建號****202.32平方公尺
　權利範圍：*****56200分之2070*******
以上建物所有權業經依法登記完畢，合行發給本權狀以憑執管。

本地籍資料管轄機關為臺北市古亭地政事務所。

主任闕　絹　繡

本書狀物權是否變更或設定他項權利請查詢本所登記之權利資料　　　　98075395

預售屋的點交攻略

當期盼已久的預售屋好不容易落成，買方就得加緊開始準備各種驗屋所需的文件與工具。此時，可能會有很多屋主也打算驗屋，買方務必事先預約驗屋時間，若是完工後首次查驗，更是至少要保留三個小時以上。除此之外，買方也可透過下列方法，讓查驗預售屋更有效率和確實。

預售屋的驗屋流程

Step 1 記得參加交屋說明會

買方需留心建商取得使用執照後，舉辦交屋說明會的時間。說明會上，建商除了會介紹工程進度、貸款撥款流程外，也會說明大約可開始交屋的時間、驗屋與交屋流程等。買方可藉此認識後續的交屋流程，也有機會跟同社區的住戶交換相關情報。

Step 2 備妥小工具與約好專業人士，各種問題屋況無所遁形

有些屋況問題，一眼可能看不出來。購屋者可自行準備一些小工具，或聘請專業的驗屋師一同驗屋。若購屋者在驗屋前，就曾申請「客變」，更需記得在驗屋當日，約同室內設計師確認所有變動的細節是否都正確。

有些購屋者會聘請室內設計師協助裝潢，此時可與設計師一同前往驗屋。設計師的經驗遠比一般購屋者多，能察覺許多買方常忽略的小問題。

你該準備的驗屋工具包

□ 1. 捲尺：測量房屋、家具尺寸是否正確。

□ 2. 瑞士刀／行動工具組：方便檢查電器或拆開家具包裝。

□ 3. 乒乓球／水平儀：測試地面是否平整無傾斜。

□ 4. 可分解衛生紙：沖入馬桶內確認沖水能力。

□ 5. 碘酒／紫藥水：滴入馬桶或水箱，測試有無漏水。

□ 6. 紅／黑膠帶：標記瑕疵位置

□ 7. 紙筆：記錄瑕疵。輕敲地板、牆壁，確認有無空心聲響。

□ 8. 相機：拍下房屋缺失，方便確認修繕結果。

□ 9. 小夜燈：檢查屋內所有插座是否都可通電

□ 10. 手電筒：方便檢查天花板上方、櫥櫃底部等死角。

□ 11. 智慧型手機、充電器：可以整合 8～10 項的功能。在陽台、房間內外放音，測試隔音效果，與錄下與建商代表重要的協議內容。

Info 新成屋的保固期限不受契約影響

買方在交屋 5 年期間，若發現房屋有瑕疵要儘速通知建商，通知後半年內要向建商請求修繕、減少價金甚至解除契約。這些權利都屬於民法的保障範圍，不會被契約的保固期影響。

Step 3 根據點檢表──核實屋況、交接文件

預售屋的首次驗屋會是往後來回整修屋況的基礎，買方須盡力有系統性的查驗屋況。為避免檢查時東漏西漏，買方在現場最好能依照點檢表上所列項目，逐項比對。如果確認該檢查項目無瑕疵，則在表上打「✔」表示驗收完成。

預售屋交屋點檢表

查驗門窗與牆壁

- ☐ 門開關順暢，門與門框密合
- ☐ 鑰匙開關順暢、不鬆動
- ☐ 窗戶密合度良好、紗窗完整無破損。若為氣密窗則可利用手機測試隔音
- ☐ 窗框與牆壁間的矽膠施工完善，無破損、無氣泡或突起
- ☐ 天花板油漆粉刷平整，無龜裂或剝落，輔以手電筒查驗天花板上方死角無缺失
- ☐ 用手摸牆壁油漆平整且顏色均勻
- ☐ 敲擊地磚為實心，鋪貼平整且磚縫無磨損，並以小球測試無傾斜
- ☐ 用腳踢踢看，踢腳板有確實施工
- ☐ 以捲尺丈量房屋大小與牆壁厚薄，以確認與簽約內容相同

查驗水電與設備

- ☐ 燈具與開關正常。以小夜燈測試插座均可通電，插座面板與牆面間無破損
- ☐ 水龍頭與蓮蓬頭轉動順暢、出水量正常且無鏽蝕、變形
- ☐ 確認排水正常，特別是陽台與浴缸排水孔
- ☐ 利用紫藥水與衛生紙測試馬桶沖水與排水功能正常，基座周圍無滲水
- ☐ 瓦斯爐與排油煙機功能正常、配件無缺，使用時無雜音
- ☐ 廚櫃無刮傷撞傷，開啟時不會撞到東西
- ☐ 櫥櫃與牆壁間的矽膠完整良好
- ☐ 總開關迴路標示明確，將迴路開至 ON 檢查功能
- ☐ 對講機功能正常
- ☐ 電話孔及有線電視孔若無法測功能，應在驗收單上註明日後有問題會立即改善

確認產權移交文件

- ☐ 1. 土地與建築物所有權狀正本
- ☐ 2. 各項代辦費用及規費明細、交屋結算清單的收據影本
- ☐ 3. 使用執照影本
- ☐ 4.. 與建商簽立的本票
- ☐ 5. 房屋、車庫鑰匙和大樓門禁卡
- ☐ 6. 房屋管線圖、結構圖與各類平面圖
- ☐ 7. 房屋與設備的保固書或保固卡
- ☐ 8. 鋼筋無輻射污染保證書
- ☐ 9. 無海砂屋保證書
- ☐ 10. 社區管理規約

產權交屋時的注意事項

□ **產權清楚**
　1. 土地與建築物所有權狀上所記載的地段、面積、所有人姓名與買方相符。
　2. 建商已將「他項權利」欄位塗銷。

□ **確認房屋保固書內容**
　清楚寫明保固期間及保固範圍。

□ **核對坪數**
　所有權狀是否符合銷售坪數，主建物或房屋登記總面積如有誤差，其不足部分賣方均應全部找補。

□ **依約施工**
　比對建商銷售平面圖及建築圖，確定建商依約施工，包括建築材料或附贈設備等是否符合契約內容。

□ **房屋能正常使用**
　1. 各戶水錶、電錶均裝設完成。
　2. 逃生管道或消防設備齊全，可正常運作並經過定期檢測。

Step 3 詳細紀錄房屋瑕疵，回報建商修繕

當買方發現房屋瑕疵，要求建商修繕時，為免各說各話，或因需要改正項目太多而有遺漏。買方可以拍下問題屋況，註記在房屋平面圖上，列出清單給建商，並以此做為覆核的標準。

Step 1
以有色膠帶貼在瑕疵處，並拍照存證。

Step 2
在平面圖上圈出瑕疵位置，並按佐以照片辨認。

Step 3
將所有瑕疵狀況寫成清單，交付給建商。

Step 4
再次驗屋時，可對照平面圖與清單確認。

中古屋的點交攻略

完成過戶後，買方可要求仲介與賣方敲定交屋時間。雖然中古屋的交屋時間較快，通常會被安排在同一天，但最好仍能請預留 2~4 小時，以防不時之需。

中古屋交屋重點

Step 1　事前重新詳閱「買賣契約」與「不動產說明書」

交屋通常會距離當初看屋一些時間。驗屋前，買方可重閱記錄屋況的「不動產說明書」擬定驗屋重點，並視驗屋需求準備該攜帶的小工具。

> □ 1. 捲尺：如果緊接著要搬家，可先測量房屋尺寸
> □ 2. 手電筒：方便檢查天花板上方、櫥櫃底部等死角。
> □ 3. 兵乓球／水平儀：測試地面是否平整無傾斜。
> □ 4. 可分解衛生紙：沖入馬桶內確認沖水能力。
> □ 5. 碘酒／紫藥水：滴入馬桶或水箱，測試有無漏水。
> □ 6. 紙筆：記錄瑕疵。輕敲地板、牆壁，確認有無空心聲響。
> □ 7. 相機：拍下房屋缺失，方便確認修繕結果。
> □ 8. 小夜燈：檢查屋內所有插座是否都可通電。

註：現在的智慧型手機可下載相關APP使用上述12378功能。

Step 2　詳加檢查看屋時被雜物、家具擋住的地方

交屋時，屋主應已搬移當初在房屋內的雜物與家具。買方應特別留意當初被雜物跟家具遮掩的地方，看看是否有蟲蛀、壁癌、漏水等問題。

註：現在的智慧型手機可下載相關APP使用上述12378功能。

Step 3　對照房屋買賣契約與點檢表一一點交物品與稅費文件

房屋買賣契約是界定買賣雙方權責的關鍵，如果當初有約定賣方必須修復的狀況或贈送的物品，需在交屋時一一對照契約確認。此外，中古屋買賣雙方須分攤各項稅費，也得逐項核對賣方是否結清。

中古屋交屋點檢表

房屋狀況

☐牆壁上有沒有水痕，或突然重新粉刷或貼壁紙。
☐窗戶縫隙有沒有過大或有損傷與鏽蝕，能否防止水源侵入。
☐外牆有與內牆有沒有滲水或裂縫。
☐牆壁與天花板地板接合處是否平整密合。
☐加強注意家具背後的牆面與死角。
☐測試每個水龍頭是否出水正常。
☐觀察每廚房、浴室、廁所馬桶及陽台的所有排水口是否排水順暢。
☐將碘酒滴入馬桶水箱，測試水箱有無破裂。
☐將碘酒滴入馬桶內再沖水可測試馬桶與地面接合處有無漏水。
☐將每個插頭都試插小夜燈，測試是否通電。
☐房屋有狀況即以膠帶做記號並拍照為證。
☐可要求賣方簽定「不漏水保固切結書」來保障自身權益。

產權移交

☐比對權狀與謄本的產權及抵押權設定正確。
☐確認賣方有到場，可一同現場點交。
☐依契約檢查屋內狀況與各種設備是否正常。
☐核對附贈設備與物品是否有瑕疵短少。
☐除約定留下的物品外，其餘部分應清空。
☐與前屋主確定管理費、水電費、瓦斯費等各項帳單的繳費方式。
☐結算地價稅、房屋稅、水電、瓦斯、管理等費用並確定無積欠。
☐核對土地及建物所有權狀正本及交付鑰匙
☐買方於交付尾款時應取回保證之商業本票並作廢
☐更換門鎖

如何處理預售屋驗屋糾紛？

驗屋當下的糾紛多是買方發現屋況有問題，建商不願處理或是無法處理，影響到買方交屋與入住的時間。買方可藉扣押交屋保留款或委託律師改走法律途徑解決。

常見糾紛 1 實際坪數與簽約時不同

　　預售屋買方有時會在完工驗屋時發現，儘管房型規劃相同，但坪數可能會與當初簽約時略有差異。這時，雙方就必須根據因坪數誤差而產生的價格差異，由買方補價或建商退款，實務上稱為「找補」。

Step 1 計算找補比例

當買方發現有誤時，應先計算找補的比例。而預售屋的買賣契約中多會規定找補計算方式。如果契約中有不同的計算規則，則須從契約規定。

> 一般找補比例計算方式
>
> $$找補比例＝\frac{實際權狀坪數－簽約坪數}{簽約坪數}$$

實例 小王在預售屋驗屋時發現，原來房子的實際坪數為 30.9 坪，而非當初買賣契約上的 30 坪。其找補比例應為：

　　　　（30.9 坪－ 30 坪）／ 30 坪＝ 3%

Step 2 根據找補比例決定處理方式

目前政府是規定無論坪數誤差多少，雙方都應找補。但買方找補金額有上限，但建商則必須根據實際狀況找補。

實際坪數＜簽約坪數 ➡ 建商須以簽約時的每坪單價乘上不足的坪數退款給買方。

實際坪數＞簽約坪數

需找補比例＞2%　買方以簽約時的每坪單價乘上簽約坪數的 2%，做為找補價格。

需找補比例＜2%　買方以簽約時的每坪單價乘上實際增加的坪數，做為找補價格。

實例 小王的實際坪數比簽約時多，而找補比例為 3%，超過買方找補上限 2%，另其簽約時價格為每坪 20 萬，則找補金額為：

$$20 萬 \times 30 坪 \times 0.02 = 12 萬 (元)$$

常見糾紛 2 屋況遲遲未修繕完成，無法完成交屋

當買方要求建商修繕房屋瑕疵，而建商遲遲無法完成時，買方可拒絕交屋，同時扣留「交屋保留款」，直到瑕疵修繕完畢，或折價補償買方為止。

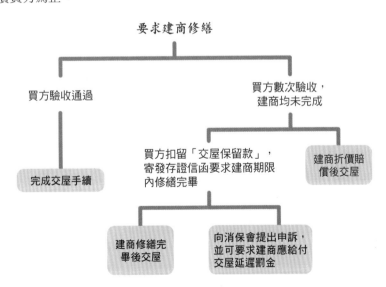

如何處理中古屋驗屋糾紛？

中古屋多是透過仲介買賣，因此驗屋出現糾紛時，多半會先選擇以仲介為協調人。雖然依法買方仍可享五年的屋況重大瑕疵保障。但若買方誤以為是小瑕疵，沒有現場向賣方表示異議，或無條件同意交屋。當交屋完成後，萬一瑕疵日趨嚴重，買方有可能得自行吞下修繕責任。因此，處理時不可不慎。

驗屋當下糾紛處理原則

　　雖然中古屋習慣驗屋、交屋在同一天裡完成。但買方不應勉強自己交屋。若對屋況有疑慮，還是要先釐清楚問題的範圍與責任，確定都可接受或處理妥善後再交屋。

原則1 屋況有疑慮，就不要勉強交屋

不要隨意聽信賣方反正有屋況保障，先交屋沒差的說法。只要不能釐清處理方式與責任歸屬，就不該交屋。以免交屋後，糾紛反而更難處理。

原則2 依維修費用折價，會比交給屋主修繕更好

像漏水、管線等問題，要小心屋主只是隨便修修，只求看不出來就好。不如折價，自己另找能信任的人員維修，要來得更加安心。

原則3 聲明問題解決後，馬上辦理交屋，付清尾款

為避免讓賣方覺得自己刻意拖延付款，買方可將尾款先交給地政士保管。表示自己只是想解決問題，而非刁難或蓄意不交屋。

中古屋驗屋當下糾紛處理方式

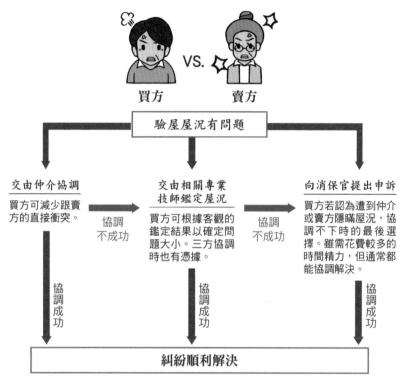

VS.

買方　　　　賣方

驗屋屋況有問題

交由仲介協調
買方可減少跟賣方的直接衝突。

協調不成功 →

交由相關專業技師鑑定屋況
買方可根據客觀的鑑定結果以確定問題大小。三方協調時也有憑據。

協調不成功 →

向消保官提出申訴
買方若認為遭到仲介或賣方隱瞞屋況，協調不下時的最後選擇。雖需花費較多的時間精力，但通常都能協調解決。

協調成功　　　　協調成功　　　　協調成功

糾紛順利解決

無論是在哪個階段解決，解決方案幾乎不脫以下三種：

● 買方獲得賣方折價後，自行請人修繕。
● 買方先辦理交屋手續，但保留部分交屋款，等賣方修繕完成後再全部付清。
● 買方暫不交屋，將交屋款轉交地政士保存，等賣方修繕完畢後，再交屋付款。

交屋流程　認識權狀　預售屋點交　中古屋點交　驗屋糾紛

Info 萬一賣方不願負責，我可以解除買賣契約嗎？

當產權過戶完成，且房屋瑕疵屬於可修復的，通常最後都得完成交屋，無法解約。但如果房屋的瑕疵嚴重到會讓房屋變得無價值可言或不能住人，類似如海砂屋、結構安全堪慮等，買方還是可要求減少價金或解約。

chapter 9

購屋後的疑難雜症

好不容易買到房子,終於擺脫無殼蝸牛的身分,但距離享受幸福家居還差最後一步。面對有了房子後可能有的種種問題,從解決房屋糾紛到繳交房屋稅費與保險,新任屋主最好都能提早有所了解。

✓ 交易後發生糾紛如何處理？
✓ 如何點交公設？
✓ 如何繳交房屋稅與地價稅？
✓ 如何挑選房屋保險？

交屋後，才發生屋況糾紛怎麼辦？

萬一木已成舟，購屋後才出現糾紛，處理起來往往讓人心力交瘁，若是沒有處理好，辛苦存下的儲蓄可能都付諸流水。因此，買方得預先對交屋後發生糾紛的處理流程有概念，才能保護自己的權益。

糾紛處理流程

只要是屋況糾紛，處理流程都相去不遠。交屋後糾紛的處理重點在於需要確實蒐證，冷靜釐清責任歸屬，並在從通知賣方、仲介或建商的六個月內積極完成求償，大多數狀況下都能順利和解，取得賠償。

蒐證後寄出存證信函，依對象別處理流程

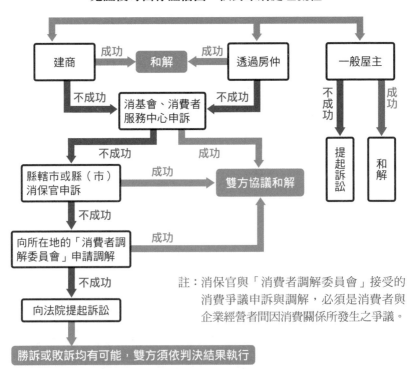

註：消保官與「消費者調解委員會」接受的消費爭議申訴與調解，必須是消費者與企業經營者間因消費關係所發生之爭議。

出現漏水怎麼辦？

漏水問題向來居於屋況糾紛第一名，不只較難完全修好。若看屋時，賣方已先有重新粉刷過，往往要到都住進去一陣子後，才赫然發現漏水問題，其中又以中古屋的漏水問題最為常見。

漏水屋的處理與求償

保留證據

保留證據才能行使權利，發生問題之處都要一一拍照存證，加上專業技師的鑑定報告書，都是糾紛調解及訴訟時的利器。

鑑定漏水原因

確認瑕疵及確認何人負責。須由具公信力的專業人員找出漏水原因，以釐清責任歸屬。

**分別通知
賣方、房仲**

當確認該由賣方負責時，得趕緊寄發存證信函予賣方跟仲介，說明屋況嚴重程度與附上技師的報告。若遲遲沒通知，則可能會被視為買方承認屋況，無法向賣方要求賠償。

**期限內提出
求償方案**

通知前屋主與仲介後，買方必須在六個月內提出減少價金，否則瑕疵可能因此擴大而難以估算前屋主應負責範圍。

**和賣方或仲介
協議解決**

買方除了親自與賣方或房仲交涉，也可透過消保官、調解委會協議解決。協議內容應仔細審閱，避免往後有其他問題時，不利求償解決。

漏水糾紛

凶宅糾紛

權狀遺失

點交公設

房屋稅

地價稅

房屋保險

我的房子是凶宅！

除了海砂屋、輻射屋會影響居住者的身體健康，也有許多人會因買到凶宅而日夜不安，影響到心理健康，房屋的價值也會因此嚴重受影響。萬一購屋者不小心碰到黑心賣方，在不知情的狀況下誤買兇宅，儘管已經交屋，仍可要求賠償或解除契約。

到底怎樣算凶宅？

通常凶宅是指此地曾發過如凶殺、自殺、意外死亡等「非自然死亡」事故。但凶宅確切的時限或範圍，法律上其實都沒有明文規定。雖然不動產說明書中僅以賣方持有期間發生事故者為凶宅，但其實只要賣方知道曾發生過此類事故，就有告知買方的義務。

內政部怎麼看凶宅？

根據內政部版的「不動產現況說明書」，凶宅僅限於賣方產權持有期間，曾發生凶殺或自殺死亡。若在賣方的約定專有部分自殺、凶殺致死，也可算是凶宅。

法院怎麼看凶宅？

雖無統一規範，但依判例來看，只要該物件曾發生自殺、兇殺等「非自然亡故」，並會因此減損市場交易意願與標的價值。法院都可能判定為凶宅。賣方跟仲介均負有告知的義務。

萬一發生糾紛訴訟時，
則以法官的自由心證為主。

買到凶宅，我該怎麼辦？

　　非自然死亡的事故很少會影響到房屋本身的狀況，但因會嚴重影響觀感而屬於房屋的重大瑕疵之一，擁有五年的保障期限。在此期限內，買方一旦發現房屋原來是凶宅，都可向原屋主與當初的房仲業者求償。

漏水糾紛

凶宅糾紛

權狀遺失

點交公設

房屋稅

地價稅

房屋保險

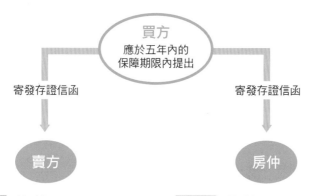

買方
應於五年內的保障期限內提出

寄發存證信函 → **賣方**

寄發存證信函 → **房仲**

情況① 不知情
要求賣方仍需負起償還部分價金或解除契約的責任。

情況② 知情，刻意隱瞞
雖舉證有難度，但若買方能舉證賣方刻意隱瞞成功，則即便超過五年，買方仍可要求賣方減價或解除契約，甚者可用刑法詐欺罪提告賣方。

情況① 不知情
視情況會因沒有善盡查證責任，而需負連帶賠償責任。

情況② 知情，刻意隱瞞
面對為追求成交業績，刻意不告知買方該屋曾發生「非自然死亡」的仲介。買方除能要求該房仲連帶賠償外，也能以詐欺罪控告對方。

由於法拍屋不點交，會切斷該屋過去的一切瑕疵，若買方事後才查覺所購房屋是凶宅，想要申訴就會變成困難許多，買方應多加注意。

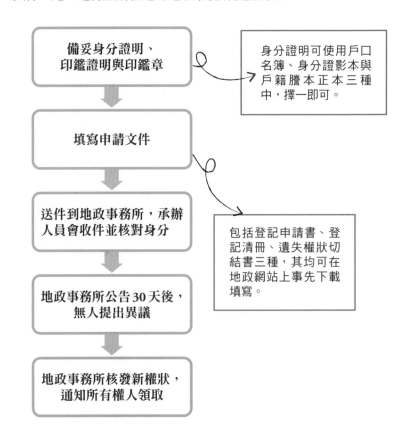

權狀不見怎麼辦？

如果不小心權狀遺失，很多人都會擔心名下的房子或土地會不會因此被偷偷賣掉。其實無須太過緊張，即便有權狀正本，但如果沒有配合印鑑證明、印鑑章與個人證件，地政事務所是無法單憑權狀就辦理過戶的。

我該如何申請補發權狀？

確認權狀遺失後，屋主只需先備妥該準備的證明文件，填妥申請文件，跑一趟房屋所在地的地政事務所就能辦理。

備妥身分證明、
印鑑證明與印鑑章

身分證明可使用戶口名簿、身分證影本與戶籍謄本正本三種中，擇一即可。

填寫申請文件

送件到地政事務所，承辦人員會收件並核對身分

包括登記申請書、登記清冊、遺失權狀切結書三種，其均可在地政網站上事先下載填寫。

地政事務所公告 30 天後，無人提出異議

地政事務所核發新權狀，通知所有權人領取

預售屋公設點交有一套

近年來居住觀念改變，愈來愈多建商設計建案時，都以完整、豐富的公設為號召。到社區落成時，住戶們要能同時兼顧時效與施工品質，從建商手中將公設一一點交完成。這也成為每個新社區的重大挑戰。

公設的點交流程

社區選出管委會後的第一個任務，就是跟建商點交公設。購屋者若能對流程有多些了解，就較能與管委會配合或與建商協調。

組織管委會，要求建商備妥所有公設清單	製作公共設施點交清冊，其中應包含該公設的項目、位置與規格。以此排定初步的點交時程表。
管委會組成點交小組，分工合作	優先點交影響住戶安全與常使用的公設。依成員能力分別監督各項公設進度，並視情況聘請相關領域專業人員、技師協助點交。
建立點交公設的作業流程與社區共識	以實際照片配合文件記錄公設進度與缺失，冷靜理性地向建商反應。統一管委會的態度與說法，定期向全體住戶回報，加強彼此信任感。
管委會與建商點交完成	當管委會確認建商已完成所有公設，且經檢查後無缺失或缺失都已經修復完成後，即可簽署點交文件。公設的保固期也自簽訂後起算。
管委會領取公共基金	通常管委會點交完成後，才能向建商領取當初從工程款中提撥的公共基金，做為接下來社區營運的基礎。

漏水糾紛

凶宅糾紛

權狀遺失

點交公設

房屋稅

地價稅

房屋保險

9 購屋後的疑難雜症

點交公設時的常見困難

公設點交最容易有爭議的部分，除了是與建商溝通協調過程冗長，所有權人內部的意見紛歧也很棘手。

常見困難1

建商修繕進度緩慢，導致點交遲遲無法完成。

▶ **你可以這樣做**

負責點交的管委會除了盡力接洽外，也應寄發存證信函，主張建商的延遲責任，要求限期改善。

常見困難2

公設還有嚴重瑕疵，建商卻要求先簽署點交完成同意書。

▶ **你可以這樣做**

團結管委會與住戶共識，嚴正拒絕建商。避免輕率同意後，代表建商已經盡到契約責任，反倒傷害全體利益。

常見困難3

居民對公設點交的態度不盡相同，會造成管委會意見分歧與點交困難。

▶ **你可以這樣做**

支持管委會運作資訊應透明公開
- 支持管委會與全體住戶間最好能保持溝通順暢，以減少誤會。
- 主張住戶不應以過度監督、懷疑的態度對待管委會，而應以支援、合作的角度來解決公設點交問題。

如何繳交房屋稅？

無論是購屋者是選擇一般住宅或是地上權住宅，均須繳納房屋稅，並學會該如何替自己節省房屋稅。

認識房屋稅單

房屋稅單上的課稅現值是核課房屋稅及契稅的依據。收到房屋稅單後，要仔細核對稅單內容是否正確，確認後再去繳稅，免得多繳冤枉稅。

漏水糾紛

凶宅糾紛

權狀遺失

點交公設

房屋稅

地價稅

房屋保險

驗證稅額是否正確。
（房屋現值 × 適用稅率）

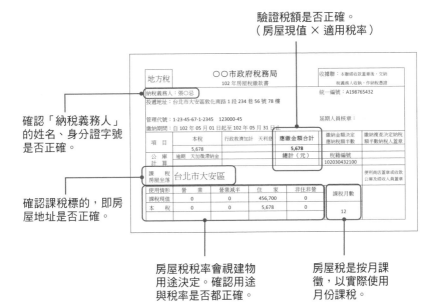

地方稅	○○市政府稅務局 102 年房屋稅繳款書			收據聯：本聯經收款蓋章後，交納 稅義務人收執，作納稅憑證
納稅義務人：張○總				統一編號：A198765432
投遞地址：台北市大安區敦化南路 1 段 234 巷 56 號 78 樓				
管理代號：1-23-45-67-1-2345　123000-45				逾期人員核章：
繳納期間：自 102 年 05 月 01 日起至 102 年 05 月 31 日止				

項 目	本稅	行政救濟加計 天利息	應繳金額合計	繳納金額決定 應納稅額半數	繳納複查決定納稅 額半數納稅人蓋章
公 庫 計 算	5,678		**5,678**		
	逾期 天加徵滯納金		總計（元）	稅籍編號 102030432100	

課 稅 房屋坐落	台北市大安區					便利商店蓋章或收款 公庫及經收人員蓋章
使用情形	營 業	營業減半	住 家	非住非營	課稅月數	
課稅現值	0	0	456,700	0		
本 稅	0	0	5,678	0	12	

確認「納稅義務人」的姓名、身分證字號是否正確。

確認課稅標的，即房屋地址是否正確。

房屋稅稅率會視建物用途決定。確認用途與稅率是否都正確。

房屋稅是按月課徵，以實際使用月份課稅。

Info 如何節省房屋稅？

房屋稅率會視房屋用途而定，可分為「住家用」、「營業用」與「非住家非營業用」三種。其中又以住家用的房屋稅稅率最低，只要房屋課稅現值的 1.2%。購屋時，住家用途的屋主應向地政事務所確認房屋用途，避免繳交過高的稅率。

如何繳交地價稅？

每年 11 月，政府會寄發地價稅單給當年的納稅義務人。除了購買地上權住宅的人以外，一般地主都須繳交地價稅。

認識地價稅單

納稅義務人不需要自行計算、申報地價稅，只需查核地價稅單上面所載的資訊、稅金是否正確，持單到便利商店、金融機構或轉帳繳稅即可。

確認納稅義務人的基本資料。如果有誤，須趕快向當地稅捐稽徵處申請更正

地價稅當年度的納稅義務人為 8 月 31 日當日的土地所有權人。

「稅地種類」可分一般土地、自用住宅用地、工業用地等並有不同稅率。

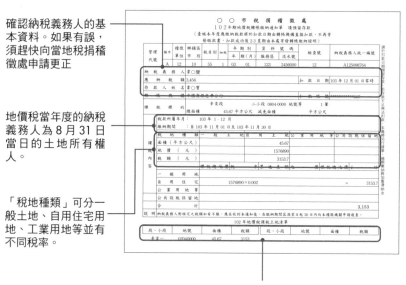

確認課稅土地位置，若同一縣市有多筆土地，則會在同一張稅單列出。

Info 如何節省地價稅

地價稅是看土地種類決定稅率。其中當土地做為「自用住宅」使用時，則可享優惠稅率。不過，稅捐單位不會主動調查房屋用途降稅，屋主自行向稅捐稽徵處申請。

如何選擇房屋保險？

房屋平時不易損壞，可是萬一碰上地震、火災等天災人禍，損失多半極可觀。因此，政府規定房屋持有人必須投保基本的地震險。此外，貸款銀行在承貸時也會要求屋主投保火災險等。

我應該投保哪些房屋險？

房屋保險分成符合政府、銀行要求的基本險，與自行加保的綜合險。如果購屋者期望房屋的保障較多，則可考慮產險公司的「居家綜合保險」，但假設購屋者認為房屋意外的機率較低，或保險提供的保障有限，也可只選擇基本必須的險種即可。

漏水糾紛

凶宅糾紛

權狀遺失

點交公設

房屋稅

地價稅

房屋保險

基本必備房屋險

房屋強制地震險
921 震災後，政府規定房屋應投保地震險，而其保額上限多為 150 萬。

住宅火災保險
貸款銀行為保障擔保品（房屋）價值，會要求屋主投保火險。較完整的火險會包含火險、第三人責任險與基本的房屋強制地震險。

住宅綜合險

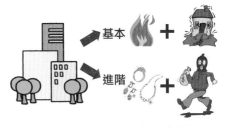

基本

進階

住宅火災保險＋竊盜險＋動產險

綜合險除了保障基本的火災與地震外，同時也增加對屋內財產的保障。其理賠範圍也增加了慰問金、災後住宿等項目，遠比基本火險完整。

圖解第一次買對房子就上手最新修訂版

作　　　　者／易博士編輯部
協 力 作 者／林姜文婷、林偉彬
修　訂　者／林姜文婷、林偉彬
企 畫 提 案／馬思卿
企 畫 監 製／莊弘楷、馬思卿
採 訪 編 輯／馬思卿
執 行 編 輯／蕭麗媛、黃婉玉

業 務 經 理／羅越華
總　編　輯／蕭麗媛
視 覺 總 監／陳栩椿
發　行　人／何飛鵬
出　　　版／易博士文化
　　　　　　城邦文化事業股份有限公司
　　　　　　台北市中山區民生東路二段 141 號 8 樓
　　　　　　電話：(02) 2500-7008　　傳真：(02) 2502-7676
　　　　　　E-mail：ct_easybooks@hmg.com.tw
發　　　行／英屬蓋曼群島商家庭傳媒股份有限公司城邦分公司
　　　　　　台北市中山區民生東路二段 141 號 11 樓
　　　　　　書虫客服服務專線：(02) 2500-7718、2500-7719
　　　　　　服務時間：週一至週五上午 09:30-12:00；下午 13:30-17:00
　　　　　　24 小時傳真服務：(02) 2500-1990、2500-1991
　　　　　　讀者服務信箱：service@readingclub.com.tw
　　　　　　劃撥帳號：19863813
　　　　　　戶名：書虫股份有限公司
香港發行所／城邦（香港）出版集團有限公司
　　　　　　香港灣仔駱克道 193 號東超商業中心 1 樓
　　　　　　電話：(852) 2508-6231　　傳真：(852) 2578-9337
　　　　　　E-mail：hkcite@biznetvigator.com
馬新發行所／城邦（馬新）出版集團【Cite (M) Sdn. Bhd.】
　　　　　　41, Jalan Radin Anum, Bandar Baru Sri Petaling,
　　　　　　57000 Kuala Lumpur, Malaysia
　　　　　　電話：（603）9057-8822　傳真：（603）9057-6622
　　　　　　E-mail：cite@cite.com.my

美 術 編 輯／簡至成、陳姿秀
插　　　畫／郭晉昂
封 面 構 成／陳姿秀
製 版 印 刷／卡樂彩色製版印刷有限公司

■ 2017 年 03 月 16 日修訂 1 版
■ 2022 年 08 月 30 日修訂 2 版
ISBN 978-986-480-242-5

定價 400 元　　HK$133

城邦讀書花園
www.cite.com.tw

國家圖書館出版品預行編目 (CIP) 資料

圖解第一次買對房子就上手最新修訂版 / 林姜文婷, 林偉
彬, 易博士編輯部合著. -- 修訂 2 版. -- 臺北市: 易博士文
化, 城邦文化事業股份有限公司出版: 英屬蓋曼群島商家
庭傳媒股份有限公司城邦分公司發行, 2022.08
　　面；　公分
ISBN 978-986-480-242-5(平裝)

1.CST: 不動產業 2.CST: 投資

554.89　　　　　　　　　　　　　　　111012773